JN089359

地域と自治体 第39集

「公共私」・「広域」の
連携と自治の課題

榊原秀訓・岡田知弘・白藤博行 編著

自治体研究社

序

　本書は、総務省の自治体戦略 2040 構想研究会の報告書公表とその
後の第 32 次地方制度調査会の設置を受けて、自治体問題研究所と自
治労連・地方自治問題研究機構が合同で 2019 年 3 月 17 日に設置した
「自治体戦略 2040 問題研究会」の研究成果の一つである。この合同研
究会は、両組織が類似の関心をもち、両組織の研究会に参加する研究
者もおり、各々独自に研究を進めるよりも、共同して研究を進めた方
が都合が良いだけではなく、幅広い情報を共有し、多様な専門分野の
知識・経験を検討に活用することが有用で、このような共同研究の方
が、地方自治に関わる各分野、各地の取組みに研究成果をより効果的
に活かすことができると考えて設置されたものである。

　研究会では、2020 年 6 月 26 日に地制調の最終答申に示された論点
について、その背景にある基本政策・考え方や既存の制度の実態等を
踏まえて検討し、問題点や課題を明らかにしてきた。概ね 3 ヵ月に 1
回ほどのペースで研究会を行い、地制調最終答申が公表されたことか
ら、2020 年 8 月 23 日に第 8 回の研究会を開催して、活動を終了した。
研究成果は、それぞれの組織が、「住民と自治」や「季刊　自治と分
権」などにおいて発表すると同時に、2019 年 12 月 18 日には、公開シ
ンポジウムを開催（内容は「季刊　自治と分権」80 号（2019 年）に掲載）
してきた。本書では、研究会の終盤に広がった新型コロナウイルス感
染症への対応にも触れつつ、多様な専門領域における研究者が、地制
調答申までの内容を、より基本的枠組みや既存の制度の実態について
の分析も含めて、4 部構成で検討した。以下、概略を紹介するが、読
者の皆さんが自らの関心のある箇所から読むことができるものとなっ
ている。

　まず、第Ⅰ部「『地方自治制度改革』の論点」は、背景や基本的理念

を中心とした部分で、財界の考え、立憲主義・法治主義との関係、看板政策となったデジタル化などを検討する。第1章は、経団連等の財界の考えを含めた「国家戦略」・「国家的戦略」を検討する。政財官の癒着・抱合体制の構築、「天上がり」の増大・構造化などの特徴、重要政策策定の前提認識としての自治体消滅の危機感を煽る増田レポート、自治体改革戦略の根幹に「公共サービスの産業化」政策が位置付けられていることなどを示す。第2章は、「例外状態」や「非例外状態（通常状態）」における非法治国的・非法治主義的対応、「非立憲独裁」の常態化、「デジタル全体主義」・「デジタル中央集権」といった政治様式の登場、「区域的自治（領域的自治）」を超越する「機能的自治」への警戒を述べ、自治体は、民主主義・地方自治の「プラットホーム」であるべきとする。第3章は、デジタルガバメント、デジタルトランスフォーメーション、骨太方針2020のデジタル化戦略、Society 5.0の目指す社会像などを説明し、公共私の連携における「相互のデータの利活用」「公共データのオープン化」、地方行政のテジタル化による自治体の変質を分析し、他方で、地方自治をデジタル化でより豊かにするための幾つかの具体的な提案をする。

　次に、第II部「『公共私の連携』論を読む」と第III部「『広域連携』論を読む」は、地制調答申のテーマにかかわる各論的な部分である。第II部は、公共私の連携の政策、実態と法制度の分析を行う。第4章は、公共私の連携を、縮小する「公」ではカバーできず、肥大化する「私」（市場）でもカバーできない（したくない）問題群への対応を「共」に強いる構図とし、島根県雲南市の事例から、空隙を「共」の「地域運営組織」に担わせる戦略に無理があり、介護保険制度では、「共」（社会福祉法人、NPO、協同組合、互助活動）を消耗させることを示す。第5章は、「小さな拠点」の使用法が論者により異なり、島根県に焦点を当て、県の政策の実態、邑南町における「小さな拠点」形成モデル事業、雲南市における地域運営組織の運営実態を紹介し、それらが、国

の政策的文脈と対抗的な取組となっていることを明らかにして、地域が真に必要とする「小さな拠点」の要素を析出する。第6章は、行政資源の制約により市町村が担ってきた任務を「地域運営組織」と「地域自治組織」によりカバーしようとする狙いを分析する。そして、機能的自治に関して、立法者の細かな立法作業の困難さや、多様な見解や価値観を統一的な判断にする住民自治の空洞化によって、これらによる地方自治の代替は不可能とする。

また、第Ⅲ部は、広域連携の法制度、連携中枢都市圏・定住自立圏の実態や市町村合併をめぐる議論を扱う。第7章は、総合行政主体論と平成の大合併から、第27次地制調以降の政策の動向を検討し、第32次地制調答申における広域連携の特徴を分析し、事務処理の計画段階の広域連携の活用から集権化を読み取り、連携協約の活用が国の立場からメリットがあること、広域連携が府県制の廃止の条件整備の可能性となることなどを指摘する。第8章は、連携中枢都市圏の策定状況の失速、連携中枢都市圏ビジョンの達成状況が芳しくないこと、インセンティブも少なく、吸収の懸念などの要因などを指摘し、国が地方行政のデジタル化により実質的な広域行政を進めながら、いずれかの時点で圏域の法制化を目指すと予想し、連携して施策を展開する場合に必要なことをあげる。第9章は、定住自立圏と連携中枢都市圏を構成する市町村のうちから、特に町村に焦点をあてた独自の調査を中心にして、その実態と課題を明らかにする。そして、法制化あるいは財政措置の拡充（財政誘導の強化）がなければ、急速には進まないという予想や、一部事務組合や広域連合といった既存の制度活用が有用である可能性を述べる。第10章は、合併特例法や合併の総括をめぐる地制調での議論などを紹介し、合併総括や検証に深入りしないこと、圏域行政の推進、広域連携の名による「ステルス合併」の問題等を述べ、「合併算定替終了に伴う財政対策連絡協議会」の見解や総務省の合併に関する調査等に触れて、財政基盤の弱体化や地域の問題への対応の困

難さを指摘する。

　第IV部「自律・自治の自治体論」は、終章の一章で、地方議会を含めた検討を行う。選挙独裁、スピン、大統領的首相、コントロールフリーク、政策会議による政策形成、総務省による多数の研究会活用等に触れ、行政サービス提供に焦点があることや、地方議会が二元代表制を前提に行政統制の役割を果たすべきことを述べる。

　地制調答申の内容は、今後、総務省の研究会などを通して具体化され、地方自治法の「改正」だけではなく、新たな運用提案などがされていく可能性が高い。自治体関係者をはじめとする読者の皆さんには、答申の背景や基本的理念も視野に入れて、「公共私」・「広域」の連携の内容や地方議会による統制など、本書を参考にして考えていただければ幸いである。

　専門分野が異なる多数の者による合同研究会の開催から本書の完成まで無事行うことができたのは、自治体問題研究所事務局の皆さんの精力的な確認・調整や助言のおかげである。心からお礼申し上げたい。

　　2021年1月11日

　　　　　　　　　　　　　　　　編者を代表して　榊原秀訓

第Ⅰ部

「地方自治制度改革」の論点

第 1 章

安倍・菅政権の「国家戦略」を読み解く

岡田知弘

はじめに

　本書のテーマである「地方制度改革」を論じようとする際、改革を推進する主体である「中央政府」、つまり「国家」が、どのような戦略の下に改革を構想し、執行しようとしているかを知る必要がある。

　本章の課題は、この点にある。その検討の具体的素材は、第二次安倍晋三政権下の総務省に置かれた研究会による「自治体戦略2040構想」（以下、「2040構想」）であり、同じく同政権末期にあたる2020年6月末に安倍首相に手渡された「第32次地方制度調査会答申」（以下、「地制調答申」）である。また、それらの構想、答申の具体化が同年9月に発足した菅義偉内閣によって進められてきており、その菅政権の政策も、検討の対象となろう。

　ここで、ただちに難題にぶつかる。「国家戦略」とは何か、それを決定し、遂行する主体は実体的に誰なのか、ということである。いうまでもなく、「政府」は多くの省庁から構成されているが、それを指揮するのは国会与党の議員からなる内閣である。なかでも小泉構造改革後は首相官邸が強大な力をもつようになったことは周知の事実である。

　その首相官邸のトップは総理大臣であるが、当然、彼が万能ですべての政策について合理的な決定をしているわけではない。それを取り巻く側近、「忖度」官僚、そして最大のステークホルダーと自認し政治献金もしている財界代表が、その意思決定や施策の実行に関わり、それぞれの私益を実現しようとしているからである。結果、場当り的で、

特定企業の私益実現には直結するものの社会的効果は期待できない政策となる。これは、新型コロナウイルス感染症対策の顛末を見れば明らかであろう。

　安倍政権の致命的問題は、憲法や法律の遵守を閣議決定等で否定し、公共的な政策の意思決定の基礎である公文書を政治家の保身のために廃棄、偽造することをたびたび行い、国家としての信用性を自ら破壊し、多くの国民を政治不信に陥れた点にある。その結果、コロナ禍の断続的拡大によって、国民の命と生活を危機に落とし込んでしまったのである。

　この安倍政権の政治のやり方は、一般に「アベ政治」と表現される。安倍首相辞任後に、「アベ政治」の恩恵を得てきた派閥連合と財界が挙げて押し上げ、実現したのが菅内閣であった。しかし、菅内閣は、内閣発足後百日も経たないうちに支持率を大きく落とした。それは、日本学術会議会員候補６人の任命拒否という、中曽根首相や安倍首相すらしなかった人事を強行する一方、新型コロナウイルス感染症の国内第三波が拡大する中で、財界や一部の利権政治家たちを忖度して、各種 Go To キャンペーン事業の停止を即断できず、感染被害や間接被害をいっそう広げたことに対する国民の不信、不満の表明だといえる。

　したがって、まずは、第二次安倍政権から菅政権に通底する、国家的戦略（「国家戦略」とは区別される「国家」の威信を利用した政治経済戦略という意味）の意思決定の背後にある構造的問題をとらえる必要があろう。次に、安倍内閣から菅内閣期にかけての国家的戦略の内実と、その背後にある財界の国家政策ビジョンや政策要求との関係性を明らかにする。そのうえで、安倍・菅政権下の「ポスト・コロナ戦略」における地方制度改革、地方行政サービス改革の位置づけを行ったのち、安倍・菅政権が進めようとしている「地方制度改革」をめぐる対抗軸の大枠を示してみたい。

1　第二次安倍政権下での政官財抱合体制の形成

⑴　意思決定機構への財界代表者の参画

　まず注目したいのは、第二次安倍政権下において経団連をはじめとする財界と政界、幹部官僚の癒着、抱合体制が強固に構築されていることである。[1] 同政権下での重要な経済財政政策の決定は、経済財政諮問会議をはじめ各種政策決定会議体によってなされており、決して従来のように与党内での議論の積み重ねや、各省庁からの提案、地方自治体や業界団体からの陳情によるものではない。このような経済財政諮問会議を中心とした政策決定の仕組みは、小泉純一郎内閣から開始されたものである。中央省庁改革の一環として、官邸権限の強化が図られ、同会議には財界の代表者が正式な「議員」として入った。民主党政権時代には、同会議は、開店休業状態に置かれていたが、それを再開したのである。

　第二次安倍政権は、官邸主導政治を即座に復活させ、経済財政諮問会議を再開、さらに第一次安倍政権のときに設置したものの休眠状態にあった規制改革会議も復活させ、産業競争力会議を新設する。それらの主要政策決定機関には、小泉構造改革の参謀役として活躍した竹中平蔵パソナ会長など新自由主義改革を志向する「学識者」、経団連会長に加え、経済同友会の新浪剛史ローソン社長（当時）、新経済連盟の三木谷浩史楽天会長が入り、政官財抱合体制を拡大強化した。

　さらに、経団連は、政策評価による政治献金の再開も開始しており、経済財政諮問会議の民間 4 議員の動向に典型的に示されるように、政府の政策決定だけでなく、政策の進行管理においても重要な役割を果たしてきた。この民間 4 議員は、国会議員はもとより、一般の大臣よ

1　以下、本節の大枠については、拙稿「『富国強兵』型構造改革の矛盾と対抗」渡辺治・岡田知弘・後藤道夫・二宮厚美『〈大国〉への執念　安倍政権と日本の危機』（大月書店、2014 年）による。

りも強い権限を有しているが、決して国民の信託を受けて選任されているわけではなく、官邸による指名人事であることが、民主主義の観点からみて極めて問題であるといえる。

(2) 民間企業からの官邸・内閣府・各省庁への常勤出向者の累増

　第二に、1999年の官民人事交流法や同法に基づかない一般職の任期付採用制度によって、官僚機構と財界との人事交流が増大したことである。民主党政権下の2011年時点では民間企業から中央省庁への常勤職員の出向は790人であったが、2019年には1,472人へと増えているのである。非常勤職員を含めると1,236人から2,283人となり、公務員削減の一方で民間企業からの任期を限った形での職員採用をすすめてきていることがわかる。ちなみに、2019年の実績を省庁別にみると内閣官房に226人（うち常勤58人、以下同じ）、内閣府に203人（33人）といった具合に配置されている。なかでも、内閣府の大臣官房には、JR東日本、トヨタ自動車、パナソニック、大和証券、野村證券、日立製作所、日立ソリューションズ、丸紅等の各社から派遣されているのである。ちなみに、経団連会長の出身会社である日立製作所からは2名派遣されている[2]。

　他の省庁も含め、派遣元企業には、保険業や証券業を営む外資系企業やコンサルタント、広告会社、マスコミも入っており、各種の政策立案と広報・宣伝において大きな役割を果たしていることがわかる。建前として守秘義務が誓約されたとしても、人脈やビジネスチャンスに関わる情報が特定の私的企業と共有されているシステムの下で政策決定や進行管理がなされていることで、果たして政策の「公共性」なり「公平性」が担保できるかが根本的に問われるであろう。従来の「天下り」に加え、このような「天上り」が増え、それが構造化し、政財官の間に太いパイプが作られている点に留意すべきである。

2　内閣官房「民間から国への職員の受入れ状況」令和元年10月1日現在による。

(3)　内閣人事局新設と「三権分立」の瓦解

　さらに問題なのは、安倍政権の下で、2014年5月に内閣人事局が設置されたことである。国家戦略特区制度による加計学園系獣医学部の今治市設置をめぐる官僚たちの「忖度」答弁とともに、内閣官房副長官、首相補佐官等の関与によって「行政が歪められた」と前川喜平・前文部科学事務次官が告発したことにより、官邸を取り巻く一部の政治家と官僚による「行政の私物化」が、誰の目にも明らかになった。

　官邸トップへの「忖度」は、「官僚の性」という一般論で説明できるものではない。第二次安倍政権発足後に設置された内閣人事局制度によるところが大であるといわなければならない。それまで、各省庁の幹部人事は、当該の省庁と人事院においてなされていた。ところが、官邸主導政治を進めるためには、これが障害であるという認識から、安倍政権は各省庁の審議官級以上の約600人の幹部人事を一元的に管理する人事局を置いたのである。

　国家公務員が各省庁においても昇進、昇任したければ、官邸の意を汲む行動をとる必要があり、それに反する行動をとれば左遷や降格が待ち受けているというわけである。このようなアメとムチにより、「行政の私物化」の手段として国家公務員を利用することは、「すべて公務員は、全体の奉仕者であって、一部の奉仕者ではない」とする憲法15条の違反であるといえる。

　それだけではない。官邸支配は、小選挙区制度の活用で与党候補が圧倒的多数を占める立法府だけでなく、一般の行政府、そして司法領域まで広がっている。そして、官邸が、人事支配を警察、検察、司法分野に広げることの危険性も明らかとなってきている。安倍首相と親しい元記者による準強姦罪事件が官邸の力によって揉み消されたことが被害者の告発によって発覚したが、共謀罪は恣意的捜査、逮捕を許容する一方で、権力者とその取り巻きの犯罪については不問に付し、国民の基本的人権だけでなく法治国家の土台そのものを否定し、「三権

分立」を瓦解させる恐れが強いといえる。その意味で、2020年5月に、「官邸の守護神」といわれた黒川弘務東京高等検察庁検事長の定年延長と検察庁長官就任を目論んだ検察庁法案の国会成立を断念させた国民世論の高まりは大きな意味をもった。

2020年10月に発覚した、日本学術会議会員候補の菅首相による任命拒否事件は、警察官僚出身の杉田和博内閣人事局長が介在したと報じられるとともに、安倍政権期から学術会議法を無視して、任命拒否の動きがあったことが明らかとなっている。官邸による人事介入が国家公務員だけでなく、日本学術会議会員にまで及んでいる点に、ことの重大性があるといえる。

2 安倍政権の「国家戦略」と地方統治機構の再編
—「地方創生」の本質

(1) 第一次安倍政権のめざした「国のかたち」

2006年9月に小泉純一郎政権を引き継いで、第一次安倍政権が誕生した。安倍首相は、「美しい国づくり」とともに、「戦後レジームからの脱却」を政権構想の柱にしていた。具体的には、憲法9条を中心にした憲法改正、戦後民主教育を否定する教育基本法の見直し、そして地方制度改革としての道州制の導入である。憲法改正については、国民投票法を成立させたほか、教育基本法の改正も行った。しかし、道州制については、法案提出までに至らないまま病気辞任をせざるをえなかった[3]。

もっとも、これらの「国のかたち」は、自民党右派が描き、それを安倍首相が具体化するというものではなかった。その「国のかたち」や政策方向を、自らのビジネスチャンスにしようと系統的、組織的に与党及び官僚に働きかけていた団体があった。その代表格が日本経済

---

3 以下は、拙稿「安倍政権の成長戦略と『自治体戦略2040構想』」日本地方自治学会『地方自治叢書』第33巻、2021年近刊予定による。

団体連合会（経団連）であった。とりわけ、経団連は、1996年の「経団連ビジョン」で、多国籍企業が活動しやすい「グローバル国家」にむけた行政改革を要求し、橋本龍太郎政権のときに、自民党の「橋本行革ビジョン」に結実させた。

　経団連は、2005年1月には「わが国の基本問題を考える」を発表し、国民投票法の早期成立とともに、憲法9条及び96条（改正要件）の改憲先行を提案する。96条改定案は、第一次安倍政権発足前に経団連が求めたものであった。同時に、経団連が9条改定を求めた背景として、企業活動のグローバル化のなかで米軍との共同体制の下で多国籍企業の権益の保護とともに、軍需産業市場の拡大志向が存在していた点も見逃せない。これを主張したのが経団連の防衛生産委員会であったが、その主力メンバーは、三菱重工や日立製作所、東芝などである。これらの企業は、同時に原発メーカーでもある。しかも、三菱重工や日立製作所の役員は、安倍首相の財界後援会組織「さくら会」の有力メンバーであった。安倍首相が、9条改憲とともに武器及び原発輸出に執心する理由のひとつがここにあったといえる。

　2007年1月には、第一次安倍政権の下で、御手洗冨士夫キヤノン会長が経団連新会長に就任し、新ビジョン「希望の国、日本」（御手洗ビジョン）を発表する。同ビジョンでは、5つの改革要求が掲げられた。①新しい成長エンジンの創出、②アジアのダイナミズムを取り入れていく通商戦略の策定、③社会保障の見直しや規制改革など政府の役割の再定義、④道州制の導入や労働市場改革、⑤公徳心の涵養など社会の絆を固くすること、である。

　より具体的には、例えば、消費税率の二段階引上げ（7%→10%）とともに法人税実効税率の引き下げや、労働者派遣や請負労働の一層の規制緩和、労働時間規制の適用除外（ホワイトカラー・エグゼンプション）を要求していた。いずれも、第二次安倍政権において、微調整の

4　『日本経済新聞』2012年12月17日付。

うえ実行に移されたものである。しかも、「イノベーション」に技術革新だけではなく、教育、地方制度、「憲法改革」を入れている点も注目したい。御手洗ビジョンでは、2010年までに憲法改正を行うことを明記するとともに、日米同盟を基軸にした「ミサイル防衛」能力の向上等も盛り込み、「戦争ができる国」に向けた政策要求となっており、第二次安倍政権の「国家戦略」と極めて近いものとなっていた。

(2) 増田レポート（自治体消滅論）によるショックドクトリン

前述したように、第一次安倍政権時に、憲法改正、教育基本法改正とともに、政権構想の主柱として据えられたのが、道州制の導入であった。2000年代初頭から経団連が「グローバル国家」のかたちをなす「究極の構造改革」として要求していた主要改革課題でもある。

第二次安倍政権発足当初から、安倍首相は道州制推進基本法の制定を国会答弁でも口にしていた。しかし、2013年通常国会では参議院選挙前に全国町村会はじめとする地方団体から強い反発を受けて、党議決定も議員立法としての上程もできずに終わる。その後、自民党内で、党道州制推進本部を中心に党内合意を得るための法案修正作業を繰り返したが、結局、安倍政権の下では道州制推進基本法案の上程はできないまま終わった。

道州制推進基本法案の正面突破がままならない情勢の下で、自治体再編への新たな仕掛けが準備された。日本創成会議が、2014年5月8日に「2040年に全国の半数の自治体が消滅する可能性がある」とした増田レポートを自治体リストとともに発表し、「地方拠点都市を中核とする新たな集積構造の形成」を提言したのである。この提言は「消滅可能性都市」論として、マスコミがこぞってセンセーショナルに報道し、リストに掲載された自治体では次々と対策組織体が置かれることとなった。そして、「消滅可能性都市」という言葉は、「消滅自治体」さらに「地方消滅」とエスカレートしていき、地方自治体の危機感を

煽りながら、安倍政権は「地方創生」を重点施策として打ち出す。

　実は、日本創成会議の「消滅可能性都市」リスト公表のタイミングは、増田座長と菅官房長官とが調整して予め決められていたものであることがのちに明らかとなっている（『日本経済新聞』2014年6月26日）。同記事によると、増田は第一次安倍政権で、菅の次に総務相を務め、菅官房長官とも親しい。もともと、日本創成会議は、東日本大震災後の2011年5月に発足した産業界・労働組合代表や有識者からなる私的団体にすぎない。増田を座長にして、「既得権・旧弊の聖域なき見直し」や、「日本独特の過剰な自前主義を捨て、国を開」くことを目指した、典型的な新自由主義的構造改革を求めるオピニオン組織である[5]。

　その人口減少問題検討分科会の「消滅可能性都市」のシミュレーションにも、作為的な操作がなされている。詳細な批判については、他に譲るが、そもそも若年女性人口の比率が半分になることをもって「自治体消滅」や自治体再編論に飛躍する論理は、あまりにも非科学的で政治的に過ぎるといえる[6]。

　にもかかわらず、この増田レポートは、2014年の発表時から「自治体戦略2040構想」・「第32次地方制度調査会答申」に至るまで、安倍政権下の重要政策策定の前提認識として活用されることになる。文字通りのショックドクトリンであった。実際、増田レポート発表の翌週には、道州制の議論も射程に置いた第31次地方制度調査会が設置されたほか、翌月に決定された「骨太の方針2014」の情勢認識にも、「増田レポート」が前提として置かれることとなる。

　そして、同年9月の内閣改造時には、新たに地方創生大臣ポストを置き、初代大臣に石破茂をあてて、「アベノミクス」の恩恵がない地方の不満を吸収しようとした。そこで「増田レポート」の政策提案を具体化し、地方創生総合戦略と長期人口ビジョンを国及び地方自治体で

5　日本創成会議ホームページ（http://www.policycouncil.jp/）参照。
6　拙著『「自治体消滅」論を超えて』(自治体研究社、2014年）参照。

策定し、その推進事務局を政府内部においた。他方、国土交通省では、「増田レポート」の提案をもとに、人口 30 万人を目安にした連携中枢都市圏の形成とその中心都市の「コンパクトシティ」化を進める新たな国土形成計画を策定する。

　さらに、同年 10 月には、国の「地方創生総合戦略」が策定される。その柱は、移住、雇用、子育てに加え、行政の集約と拠点化（拠点都市の公共施設・サービスの集約、小さな拠点整備）、地域間の連携（拠点都市と近隣市町村の連携推進）の 5 つであった。後二者が、現在に至る「連携中枢都市圏」の推進策につながっている。

　次に、政権党及びそれを積極的に支持した経団連による「地方創生」政策の位置づけを、政策文書で見てみよう。

　まず、2014 年 11 月の自民党「政権公約 2014」には、「道州制の導入に向けて、国民的合意を得ながら進めてまいります。導入までの間は、地方創生の視点に立ち、国、都道府県、市町村の役割分担を整理し、住民に一番身近な基礎自治体（市町村）の機能強化を図ります」と記述されていた。

　この文面からは、「地方創生」が道州制導入までの間の「つなぎ」の位置づけであること、その内実が「国と都道府県、市町村との役割分担」の整理と「基礎自治体の機能強化」にあることがわかる。前者は、道州制論の中核をなす国、都道府県、市町村の権限分配を見直すことを意味し、後者の「機能強化」の内実は、自治体合併あるいは「連携中枢都市圏」といった広域的な行政体の形成を含意していた。そこに、「道州制」に至る実体的な「つなぎ」の意味があったといえる。ちなみに、石破・地方創生大臣は、地方創生担当に留まらず、国家戦略特区担当、道州制担当、さらに地方分権改革担当でもあった。ここに「地方創生」の本質を見ることができよう。

　一方、経団連は地方創生担当大臣を置いた 2014 年 9 月の内閣改造時に、「新内閣に望む」と題するコメントを発した。そこで「地域の基幹

産業である農業や観光の振興、防災・減災対策、国土強靱化、PFIや
PPPによる民間参加などにより地域経済を活性化する」と特記し、地
域産業や公共事業分野への参入に期待を表明したのである[7]。

(3)　「公共サービス産業化」の一環としての「地方創生」と
自治体の垂直的統合

　以上のような経団連の思惑は、翌年の経済財政諮問会議の場で、「公
共サービスの産業化」政策として公式に提起されることになる。「骨太
方針2015」を立案する経済財政諮問会議で、最初に公共サービスの産
業化提言を行ったのは、いわゆる民間4議員の伊藤元重・東京大学教
授、榊原定征・経団連会長、高橋進・日本総合研究所理事長、新浪剛
史・サントリーホールディングス代表取締役社長であった[8]。

　同年3月11日の諮問会議の席上、この4議員から提出された文書の
タイトルは「公的分野の産業化に向けて─公共サービス成長戦略」と
されていた。まず、彼らは「経済再生と財政健全化の両立、さらには
地方創生にとっても、公的部門の改革がカギとなる」という認識にた
つ。それは、「国・地方の公共サービス分野での民間との連携（インク
ルージョン）を進め、サービスの多様化、質の向上とともに、新たな民
間産業の創造や民間雇用拡大を通じた経済成長を実現し、税収拡大を
図るべき。さらには歳出効率化とあわせて実現することで、二兎を得
るよう取り組むべき」という考え方に基づいていた。「インクルージョ
ン」とは、もともとマイノリティの社会的「包摂」として翻訳される
概念であり、「連携」という訳はない。この言葉をあえて使うのは、民
間が公共を「包摂」したいという意識の表明ともいえる。

　とりわけターゲットにされたのは、「歳出規模も大きく、かつ国民

7　経団連ホームページ（https://www.keidanren.or.jp/policy/2014/073.html）参照。
8　以下の経済財政諮問会議の議事内容については、同会議ホームページの会議資料（http://
www5.cao.go.jp/keizai-shimon/）による。役職は当時のものである。

生活にも深くかかわる社会保障サービス・地方行政サービス分野」であり、これらの分野において「規制改革とともに、サービス提供者のインセンティブに関わる制度（診療報酬、介護報酬、保険料、補助金制度、地方交付税制度等）の改革も行うことを通じて、多様な主体が参入し、多様なサービスを提供できる環境整備を進める」ことにより「成長産業化」をすすめるべきだとした。併せて、「地域に密着するこれらのサービスの産業化は地域の活性化にもつながる」として「地方創生」との関連性も強調していた点に留意したい。

さらに、同提言では、以下の点を重視している。第一に、「民間の多様な主体との連携（インクルージョン）の促進」であり、具体的には医療、福祉、子育て分野への民間企業の参入と公共施設等の整備等における PPP／PFI による実施の原則化等をあげていた。

第二に、BPR（Business Process Reengineering）等の民間企業の経営手法を国や地方自治体に普及し、IT 化等を通じた地方行政の業務改革の推進を強調するとともに、地方自治体のコンセッション事業の普及を目指すべきだとした。

第三に、「2015 年度中に民間の知恵のあらゆる業務での活用、公的サービス分野の更なる民間開放に向け、国・地方（独法、公営企業・第三セクター・地方独法の民間委託等を含む）ともに一体的に取組を進めるよう方針を改定すべき」だとした。

だが、国が方針を立てたとしても、地方自治体が動く保障はない。そこで、安倍政権は、「骨太方針 2015」の閣議決定と同時に、改革を推進する司令塔として「経済・財政一体改革推進委員会」を設置する。同委員会は、諮問会議の下に置かれた専門調査会である。構成員は諮問会議民間議員及び学者・経営者・首長といった「有識者」からなり、会長には新浪委員が就任した。この委員会のもとに、①社会保障、②非社会保障、③制度・地方行財政の分野別にワーキンググループが置かれ、事細かく進行管理がなされていく。[9]

　さらに、2015年8月28日に、総務大臣通知「地方行政サービス改革の推進に関する留意事項について」が地方自治体宛になされて、追い打ちをかけた。そこでは、「業務改革を推進するため、民間委託やクラウド化等の各地方自治体における取組状況を比較可能な形で公表し、取組状況の見える化を実施」し、「総務省においては、これらの推進状況について毎年度フォローアップし、その結果を広く公表」すると明記していた。[10]

　このようなデータに基づく国による地方自治体の取組の進行管理の手法は、「地方創生」政策の運用のなかで全面的に取り入れられたものである。すなわち、地方版総合戦略の策定にあたり、政府は、各自治体に、基本目標（数値、客観的指標）と目標達成のために講ずべき施策の明記を求めた。その数値目標がKPI（重要業績評価指標）であり、例えば、雇用創出、人口流入、結婚子育て等の目標の下に、「新規就農者数、観光入込客数、移住相談件数、進出企業数、若者就業率、小さな拠点数」をKPIとした。これらのKPIの達成状況を政府が5年後に評価することによって交付金額を増減させる、あからさまな財政誘導の仕組みである。

　また、2015年6月、政府は「骨太方針2015」と「地方創生基本方針」を決定した。そこでは医療・社会保障分野での歳出抑制・削減するとともに、地方財政支出を削減するために、地方交付税算定方式を「標準」から市場化前提の「トップランナー方式」に切り替えると同時に、成果主義的算定分を拡大するとしたのである。また、成長戦略の一環として、社会保障分野、教育・科学技術、地方行政、社会資本整備分野において「公的サービスの産業化」を推進するとし、その一環として、社会教育施設をはじめとする公共施設・小中学校の統廃合や

民営化を促進する公共施設等総合管理計画も KPI のひとつとされた。

このような KPI の活用による財政誘導に加え、国家公務員・民間「専門家」の地方自治体への人的派遣、地域経済分析システム（RESAS）等でのビックデータ及びコンサルタントの活用、情報一元化によって、国は地方自治体行政の垂直的統合を実態面で強化してきていたのである。ここでは、地方自治体は、国の政策に従うべき存在として捉えられおり、明らかに憲法における地方自治理念に反する実態がつくられているといえる。

3 自治体戦略をめぐる財界要求と安倍・菅政権

(1) 「自治体戦略 2040 構想」登場の背景

2016 年夏の参議院選挙後、内閣再改造を行った第二次安倍政権は、新たな成長戦略を追求する司令塔として、日本経済再生本部の下に未来投資会議を設置する。未来投資会議は従来の産業競争力会議と「未来投資に向けた官民対話」を発展的に統合した会議体であり、安倍首相が議長を務め、主要閣僚と中西宏明日本経団連会長、竹中平蔵パソナ会長らの「民間代表」によって構成されていた。[11]

同会議の最初の報告書が「未来投資 2017」である。そこで政府文書としては初めて「Society 5.0」という言葉が登場する。そこに至るまで経団連は、数次にわたって政府に対して、デジタル技術を中核とする「Society 5.0」の実現を求めていた。その内容は、公共サービスの全範囲を対象とするだけでなく、サービスの主体である国や地方自治体の意思決定のあり方や行政サービスのあり方、公共施設や公共財産、そしてそれらがもつ個人情報をはじめとする様々なビックデータを「成長」の手段として捉えるものであった。「公共サービスの産業化」は、これら総体を指すものであり、それに関わる市場創出が、「スーパーシ

---

11 詳しくは、白藤博行・岡田知弘・平岡和久『「自治体戦略 2040 構想」と地方自治』（自治体研究社、2019 年）参照。

ティ構想」のような形で着々と施策化されていった。

2017年10月に、総務省内に「自治体戦略2040構想研究会」が設けられた。その目的は、「高齢者（65歳以上）人口が最大となる2040年頃の自治体が抱える行政課題を整理した上で、バックキャスティングにより今後の自治体行政のあり方を展望し、早急に取り組むべき対応策を検討すること」とされている（同研究会運営要綱）。それを主導したのは、これまで総務省内で市町村合併政策、定住自立圏構想、連携中枢都市圏構想をつくり、中央政府の側からの「地方統治構造」づくりに熱心に取り組んできた山﨑重孝局長（現内閣府事務次官）である。

山﨑は、総務省の『地方自治法施行70周年記念自治論文集』に「地方統治構造の変遷とこれから」と題したweb論文[12]を書いている。そこでは、明治時代から地方団体のあり方がどう変わったかを、あくまでも国の立ち位置で「地方統治構造」という観点から論じていた。つまり、人口減少を大前提に、地方統治構造を「合理的」に置き換え、AIと「シェアエコノミー」が自治体現場を担うような、アウトソーシング・ネットワークの結合による地方統治をめざすべきだとしているのである。必然的に、戦後憲法で規定された地方自治は後景に追いやられ、国民主権論にもとづく団体自治及び住民自治も軽視されることになる。

のちの地制調答申のベースとなる「2040構想」研究会の第二次報告は、2018年7月にまとめられた。その枠組みは、この山﨑論文とほぼ同じとみてよい。

ここで強調したいのは、この自治体改革戦略の根幹に、「公共サービスの産業化」政策が位置付けられている点である。その「産業化」の範囲も参入主体も拡大している。対象とされた公共サービスは、従来のような公共施設や一部業務の民間化・市場化だけに留まってはいな

---

12 『地方自治法施行70周年記念自治論文集』（https://www.soumu.go.jp/main_content/000562327.pdf）参照。

い。ビッグデータと AI を活用した政策立案・意思決定過程から、共通化・標準化された書式を基にした電子入力システム、さらに TPP やFTA に対応した電子入札システム、行政サービスの現場における情報機器の購入や派遣労働者に加えたシェアワーカーの導入、そして公共施設の不動産活用等に至るまで、個別サービス分野を超えた領域に拡大しているのである。

　さらに参入主体も、TPP や FTA 等を見据えて、外国の多国籍企業にも開放するという枠組みとなっており、経済のグローバル化の現段階に対応する内容になっている。[13] つまり、自治体の全てを、内外の民間企業の私益追求の手段、対象として包摂しようというものである。

(2)　コロナ禍の下での政権交代と「骨太方針2020」

　ところが、2020 年 2 月から、新型コロナウイルス感染症が、日本列島を襲い、さらにパンデミックとなる事態を迎える。4 月 7 日には、緊急事態宣言が発令され、感染が拡大した地域では、PCR 検査の相談が殺到して保健所の機能が麻痺したり、医療用マスクや保護服等に加え院内感染によるスタッフ不足によって「医療崩壊」を起こす地域中核病院も出現した。併せて長期にわたる「補償なき自粛要請」が続く中で、中小企業の経営破綻や廃業、さらに病院経営が悪化し、住民の命とくらしが危機的な状況に置かれていった。

　コロナ禍は、このような日本の公衆衛生、感染症医療体制の脆弱さと、地域の産業や雇用、人々の暮らしを守ることができない貧しい政策水準を、白日の下に晒した。それは、「アベノマスク」や各種給付金を、「忖度」官僚の思い付きと「お友達」企業への発注によって行いながら、非常事態条項を盛り込む憲法改正、黒川東京高検検事長の検事総長就任への道をひらく検察庁法改正案、財界からの要望が強かった

13　この点については、岡田知弘編『地域と自治体第 38 集　TPP・FTA と公共政策の変質』（自治体研究社、2017 年）参照。

スーパーシティ構想を実現するための国家戦略特区法改正案、9 月入学制度導入などの優先という形で現れ、文字通り「不要不急」の惨事便乗型「アベ政治」の異常性を際立たせた。しかも、夏の感染第二波拡大期にあえて Go To キャンペーンの実施に踏み切り、地方への感染拡大を招き、内閣支持率の低下に帰結した[14]。

　すでに、この時点で、安倍首相は記者会見を避けて国民の前に立つことはなかった。そして 8 月 28 日に持病悪化を理由に首相辞任を表明し、その後、「アベ政治」を支えた派閥領袖の野合によって、安倍長期政権を官房長官として担った菅義偉が首相の座につくことになった。安倍首相の辞任は、客観的に見れば、憲法の非常事態条項に拘って国家論を振りかざしてきた首相本人が、コロナ禍という未曽有の緊急事態に対しては無力、無能であったことを示すできごとだったといえる。

　そのコロナ禍の最中に、従来の自治体戦略構想を踏襲した地制調答申が提出されるとともに（6 月 26 日）、経済財政諮問会議において「骨太方針 2020」が決定される（7 月 17 日）のである。前者については、本書の各章で、詳しく検討されるので、ここでは後者について見ておきたい。「骨太方針 2020」は、通常年と比べて 1 ヵ月遅れで決定されたが、そのたたき台をつくったのは、第一波が収束しかけた頃であり、のちの第二波、第三波の到来を予想していなかった時期である[15]。

　同方針策定の下敷きになったのが、またもや経済財政諮問会議の民間 4 議員（財界代表者等で構成）からの提案であった（6 月 22 日）。そこでは、公衆衛生・医療・地方行政の領域におけるデジタル化推進を「デジタル・ニューディール」の名の下で行うことや、テレワークの導

14　拙稿「新型コロナウイルス禍と惨事便乗型政治の失敗」小路田泰直編『奈良女叢書　疾病と日本史』（敬文舎、2020 年）を参照。

15　筆者による地制調答申批判については、拙稿「コロナ禍の下での第 32 次地方制度調査会答申を読む」前衛 2020 年 9 月号、同「コロナショックと安倍政権の『惨事便乗型』自治体戦略」自治と分権 81 号、同「瀬戸際の地方自治―企図される惨事便乗型の制度改革」世界 2021 年 1 月号を、参照。

入による多角連携型経済社会の構築（受け皿としての地方の政令市、中核市育成とスマートシティづくり）、首都圏・関西圏での広域的行政サービスの展開を上げていた。また、国と地方自治体とのデータ統合とマイナンバーカードの普及加速化を強く主張する一方、「経済・財政一体改革」方針を堅持するとともに、「資源配分にメリハリ」をつけるべきだと注文もしていた。その多くが「骨太方針2020」に盛り込まれたのである。

　要は、コロナ禍を奇貨として、さらなる経済成長を図るために「デジタル・ニューディール」を推し進めるということである。この点は、経済財政諮問会議に先立って、市川晃地制調会長が副代表幹事を務める経済同友会が提案した「新型コロナウイルス問題に対する中長期的な対応方針についての意見」（6月16日）に沿うものであった。同意見書においては、さらなるデジタル化の追求による経済成長と民間企業の活用を強く求めていたのである。

(3)　菅政権の「国家戦略」と財界の要求

　2020年9月16日に発足した菅政権は、「安倍政権を継承する」と菅首相自身が自認するような閣僚、官邸の側近人事を行った。内閣発足直後は、マスコミの演出効果もあり、歴代3位の高支持率を記録したが、12月下旬の各紙世論調査によると支持率は急落し、日経新聞では不支持率と逆転した（12月28日付）。「アベ政治」下での安倍首相自身による「政治とカネ」問題が一気に表面化したことと、それ以上にGo Toキャンペーン事業継続に拘泥し、新型コロナウイルス感染症第三波の拡大を許してしまったことによる政治不信が高まっているからであると報じられている。

　そこには、菅首相やそのとり巻きにおいて、コロナ禍での真の意味での「国家戦略」がなく、「選択と集中」や「デジタル化」一本槍の従来の新自由主義的な政策を惰性的に続けてきたという、より構造的

な問題があるといえる。もともと、菅首相個人についても、すでに指摘されているように「国家観の欠如した総理大臣」であり、彼自身が「国家戦略」を打ち出すこともできなければ、その策定をリードすることもできない人物であることは明らかであろう[16]。むしろ、政治家としての菅の強みは、警察官僚と権謀術数を駆使しながら、公明党や大阪維新の会との人的パイプをつくってきたところにあるといわれる[17]。

　無派閥出身首相ということで、自民党内での政権基盤が弱いだけに、そのような政治的立ち回りのなかで現在のポジションを獲得してきた人物であるがゆえに、デジタル庁新設、携帯料金引き下げ、さらに日本学術会議会員任命拒否等で、極端な政策を強行する政治をしなければならない必然性もあるといえる。

　経団連は、菅内閣が発足した直後の9月29日に、早速「新内閣に望む」と題するエールを菅首相に送っている。そこでは、「新内閣には、ウィズ・コロナ、ポスト・コロナ時代の社会経済構想を立案するとともに、官民協力の下、以下の政策課題に迅速果敢に取り組んでいただきたい。また、わが国が安定した経済成長を実現し、安心・安全で国際的に信頼できる国として存在感を発揮することを期待したい。経済界は、新内閣と一体となって経済再生に取り組み、今後の政策遂行を実行していく所存である」と自ら「政策遂行を実現する」と強調していた。そして、11月17日は、経団連として「新成長戦略」と「with/postコロナの地方活性化」という2つの政策提言文書を発表した[18]。

　前者は、菅政権の下で、経済財政諮問会議の下部組織として新たに位置づけなおされた成長戦略会議への提言となっており、2030年を目途に「Society 5.0」やDX（デジタル・トランスフォーメーション）を社会の隅々に行きわたらせることでサステイナブルな成長を図るべきだ

16　二宮厚美「敗戦処理内閣としての菅政権の途」経済2021年1月号、参照。

17　渡辺治『安倍政権の終焉と新自由主義政治、改憲の行方』（旬報社、2020年）参照。

18　以上は、経団連ホームページ（https://www.keidanren.or.jp/policy/）による。

という内容であり、働き方改革、「地方創生」、グリーン成長等を柱にしていた。そのなかの「地方創生」に関わる点をより詳細に展開したのが後者の提言である。そこでは、リモートを活用した東京から地方への企業や働き手の誘致策とともに、「連携中枢都市圏構想」の推進と「地方自治体のデジタル・ガバメントの実現」を大きな柱として掲げていた。

これらの提言の多くを採り入れて、12月1日には政府の成長戦略会議が「実行計画」を決定する。そこでは、原発推進を含む「グリーン成長」、マイナンバーカードの活用やデジタル・ガバメント等を中心とした「デジタル化への集中投資」、そしてスーパーシティ構想を取り込んだ「『新たな日常』に向けた地方創生」などが、具体的に書き込まれている[19]。これまでの「アベ政治」の下での財界主導の意思決定と政策路線をそのまま爆走する方向である。

おわりに

コロナ禍は、国や地方自治体の存在意義を、根本から問いかけているといえる。それは、この間の新自由主義的な改革が「国家戦略」として標榜してきた「儲かる国」「儲ける地方自治体」づくりではなく、憲法と地方自治法で定められた国民と住民の生存権、基本的人権、幸福追求権、財産権を保障することこそ、本来の責務であることを示したと言える。

しかも、憲法は、25条第2項で「国は、すべての生活部面について、社会福祉、社会保障及び公衆衛生の向上及び増進に努めなければならない」としている。その公衆衛生を担当した組織が、各地方自治体におかれた保健所であった。ところが、1994年の地域保健法の制定と小泉構造改革の一環としての市町村合併政策によって、保健所の数も機能も、大きく減少・弱体化してしまっていた。1990年代末から、地方

---

19 成長戦略会議ホームページ（https://www.cas.go.jp/jp/seisaku/seicho/）による。

分権改革と称して半ば強制された「平成の大合併」に加え「三位一体の改革」がなされた帰結であるといってよい。

　コロナ禍は、これまでの日本の国のあり方や「地方分権改革」の問い直しを強く求めているのである。安倍・菅政権が、「国のかたち」の改造のために秋波を送った大阪維新の会による「大阪都構想」実現のための大阪市解体住民投票は、大阪市民の賢明な判断によって再び阻止された。その背景には、大阪維新の会の施政下において、保健所や府市立病院が統廃合される中で、大阪市を中心とする府内での新型コロナウイルス感染者数が急増しただけでなく、第2波以降の死亡者数が東京を超える水準になったことへの市民の不安と反発があった。住民の生存権を無視して、カジノや万博誘致のための開発投資に財源を回す制度いじりへの痛烈な批判であるといえる。

　ちなみに、一人10万円の特別定額給付金の給付実態を見ると、大阪市のような大規模政令市ほど遅く、小規模自治体ほど早いという結果がでている[20]。各種給付金の遅配は、地制調や経済財政諮問会議、財界の提言が言うようなデジタル化の遅れやマイナンバーカードの未活用によるものではなく、市町村合併等によってあまりにも大きな基礎自治体をつくり、かつそこで働く公務員を大幅に削減し、業務については何重もの下請け構造をもった企業に委託することから生じていることである。

　コロナ禍は、以上のような「公共サービスの産業化」政策による民間企業への委託事業の拡大が生み出した問題も、鋭くえぐりだしたのである。ならば、その基本政策の根本的転換こそが求められているといえよう。

20　『朝日新聞』2020年6月27日付。また、拙著『地域づくりの経済学入門』増補改訂版（自治体研究社、2020年）、拙稿「コロナ禍の下での大阪市解体は住民を救うか」おおさかの住民と自治2020年10月号も、参照されたい。

第2章

コロナ禍から考える第32次地制調答申の論理と地方自治の原理

白藤博行

1 新型コロナ禍という「例外状態」で問われる法治主義と民主主義

新型コロナウイルス感染症（COVID-19）の病魔が地球世界を席巻している。政治・経済・社会の急速かつ全般的なグローバル化やグローバル独占資本による過剰な開発主義に対するCOVID-19の「警告」である。世界のすべての人々は、グローバル・プロブレマーティク（globale Problematik）への対応を迫られている。

⑴ COVID-19という「例外状態」が問うもの

COVID-19の蔓延が浮き彫りにした状況は、まさにナチスドイツの桂冠学者といわれたカール・シュミット（Carl Schmitt）が描き出した「例外状態」（Ausnahmezustand）のひとつであるといってよい。もちろん「例外状態」の定義そのものが議論となりうるところであるが、ここではさしあたり、人間の生死を賭けた状態を含み、普通あるいは通常の状態を逸脱する状態を示すものと解しておく。とりわけ重要なのは、政治における「例外状態」であり、それは現行の法制度・法秩序を停止しうる状態を意味する。この意味で、COVID-19が突きつけた「例外状態」は、日本政府に対して、新型コロナウイルス感染症対策をめぐる国家の公共性（存在理由）を鋭く問うことになる。

日本国憲法が国民主権を保障する限り、たしかに私たち国民が主権

者であり、究極の決断主体であることは自明であるが、シュミットが
「例外状態」における「決断主体」を「主権者」と定義したところから
すれば、問題はそこではとどまらない。「例外状態」においては、「決
断主体」が誰であるかによって「主権者」は異なることになるからで
ある。したがって、「例外状態」において、まずは国会（立法権）およ
び内閣（執行権・執政権）の「決断主体」性も問われることになろうが、
究極的には「国家なるもの」の「決断主体」性が問われることとなる。
この問題は、憲法に緊急事態に関する明文規定があるかどうかにかか
わらない問題である。「例外状態」における「国家なるもの」の「決断
主体」性といった、高度な「統治のパラダイム」にかかる問題である。

(2) 日本政府の法対応

　新型コロナウイルス感染症対策において、日本政府は、たしかに
「感染症の発生を予防し、及びそのまん延の防止を図り、もって公衆衛
生の向上及び増進を図ることを目的」とする「感染症の予防及び感染
症の患者に対する医療に関する法律」（以下、感染症法）の政令を改正
し、迅速に新型コロナウイルス感染症を「指定感染症」とした。また、
「新型インフルエンザ等の発生時において国民の生命及び健康を保護し、
並びに国民生活及び国民経済に及ぼす影響が最小となるようにするこ
とを目的」とする「新型インフルエンザ等対策特別措置法」（以下、特
措法）の附則も改正し、新型コロナウイルス感染症を同法の適用対象
とみなすこととした（附則1条の2）。両法改正はいかにも迅速な法対
応にみえるが、いずれも法律の本則改正ではなく、政令改正や附則改
正で対応している。これが、「例外状態」における法的対応として正
しかったのか、あるいはその後の新型コロナ感染症対策の法的根拠と
して適切なものであったのかは、いまのところ今後の検証に委ねるほ
かない。ここでは、厚生労働大臣ではなく、経済再生担当大臣が新型
コロナ対策担当大臣（内閣府特命大臣）を兼務していることからわかる

ように、感染症法に基づく措置よりも、特措法に基づく措置が優先されたことだけを指摘しておきたい。特に、菅義偉首相が固執した「Go To X」政策は、「公衆衛生の向上及び増進」や「国民の生命及び健康」の保護よりも「国民経済に及ぼす影響」を過度に配慮したものであり、新型コロナ感染症が全国的にまん延する結果を招いたことは忘れまい。

(3)　実際のコロナ対策は、「事務連絡に基づく行政」

　これに関連して、実際の政府の新型コロナ対策を少しだけ振り返ってみる。それは、安倍晋三前首相の「つぶやき」から始まった。まったくの法的根拠をもたない全国小中高学校等の一斉休校要請は論外であるが、2020年3月13日の特措法改正後、3月26日には内閣総理大臣を長とする「政府対策本部」が設置され（同法15条1項）、同本部の「基本的対処方針」（同法18条1項）に基づく措置が取られることが期待された。ところが、対象となる「特定都道府県」問題や「自粛」の要請にかかる休業補償等をめぐる自治体との調整が難航するなど、緊急事態宣言（同法32条1項）の発出（4月7日）にも手間取った。5月25日の緊急事態宣言解除後、本来感染状況に応じて改定すべき「基本的対処方針」は、新型コロナ感染「第2波」・「第3波」の到来といわれる状況の発生にもかかわらず、同日の改定を最後に改定は行われないまま、各省の「事務連絡」による新型コロナ対策が場当たり的に行われてきた。それは、典型的な緊急経済対策である「特別定額給付金」や「持続化給付金」の支給、「新型コロナウイルス感染症緊急包括支援事業」などの経済対策の実施においても同様であり、各省の実施要綱（行政規則）に基づき、当該担当部局の「事務連絡」によって市町村が実施主体とされるなど、あたかも市町村の役割は国の補助事業の予算執行に限られているかのようにみえた。地方分権改革の理念や成果は微塵も見られない。閣議決定すら経ない官邸の意思を忖度する「事務連絡に基づく行政」が席巻している。非法治国的・非法治主義的対応

の極みの行政が堂々と展開されており、新型コロナウイルスによるパンデミックの「例外状態」における法治主義は自壊している。

(4) 政権による法治主義の破壊

このような「例外状態」における法治主義の自壊の問題は、何も新型コロナウイルス感染症対策のような「例外状態」に限られたことではない。旧安倍政権下では、閣議決定による集団的自衛権の解釈変更から始まり、防衛省の日報問題、財務省の森友学園問題、文科省の加計学園問題、公文書の改竄、厚労省の不正統計問題など、官邸の非法治国的暴走が続いた。首相の「桜を見る会」の招待者名簿の早々の廃棄、閣議決定による東京高検検事長の定年延長問題、新型コロナ対応にあたった専門家会議の議事録の不作成など、長期政権の宿痾とはいえ法治主義は破壊され続けている。菅義偉政権下でも、さっそく日本学術会議会員任命拒否問題が生じている。

ここでの最大の問題は、「例外状態」ではない「非例外状態（通常状態）」において、本来的に「主権者」でも、あるいは「決断主体」でもない内閣総理大臣あるいは官邸官僚が「主権者」あるいは「決断主体」であるかのごとく振る舞い、非法治主義的な権力・権限を行使する「政治主導」に基づく行政が行われているところにある。それは、行政権力・執行権力が立法権にまで漸進的に拡大し、「例外状態」における「統治の技術」が「非例外状態（通常状態）」における「統治の技術」としても現象し、法秩序を構成する統治のパラダイムとして、民主主義・法治主義の諸制度を侵食する深刻な事態である。

(5) 「官僚制改革の逆機能」の結果としての誤った「政治主導」

内閣総理大臣あるいは官邸官僚のこのような「政治主導」が可能となったのは、20世紀末の行政改革会議による「この国のかたち」の再構築論による。すなわち、同最終報告（1997年）をもとにした中央省

庁等改革（1998年の中央省庁等改革基本法から2001年中央省庁等再編に至る一連の改革）に遡ることになる。それは、本来、「政治主導の確立・内閣総理大臣の補佐体制の強化」、「省庁再編成・縦割り行政の弊害の排除」などといった「官僚主導」の官僚制改革を内容とするものであったが、この「官僚制改革」の機能不全、もっと言えば「官僚制改革の逆機能」が、この間の内閣総理大臣あるいは官邸官僚による見当違いの「政治主導」を可能としているのである。[1]この状態は、イタリアの哲学者であるジョルジョ・アガンベン（Giorgio Agamben）の言葉を借りれば、行政権・執行権が「立憲独裁」を装って、立法権を侵食するほどに権限を拡大する「非立憲独裁」の常態化を許す状態であるといっても過言ではない。[2]

　「官僚制改革の逆機能」は、端的にいえば、新自由主義的な効率化優先の官僚制改革の失敗といえるが、官僚制を制御すべき政治の機能不全を含めて、「政治主導」への改革の結果に対する責任論がそもそも欠落していたところに誤謬があったというほかない。ところが政府は、このような「統治のパラダイム」の本質的問題を反省することもなく、ただSociety 5.0の実現といった経済成長戦略を最優先課題として掲げ、これを具体化するために、地方を含めた「自治体戦略2040」

1　その後、2014年5月30日、「国家公務員法等の一部を改正する法律」による内閣法改正で内閣人事局が設置されたり、「内閣の重要政策に関する総合調整等に関する機能の強化のための国家行政組織法等の一部を改正する法律」により、「特定の内閣の重要政策に関する内閣の事務を助けることを各省等の任務とし、当該重要政策に関して行政各部の施策の統一を図るために必要となる企画及び立案並びに総合調整に関する事務を各省等の所掌事務とするとともに、内閣官房から内閣府に、内閣府本府から各省等にそれぞれ所掌事務を移管する等の措置」が講じられ、内閣府はもとより、各省等は、内閣の「秘書官庁」のごとき役割を担うようになり、内閣及び内閣総理大臣の権限強化は、ほぼ完成にいたる。

2　シュミットの「例外状態」論＝「独裁」論に依拠した諸著作を整理・分析するジョルジョ・アガンベン著／上村忠男・中村勝己訳『例外状態』（未來社、2020年）を参照。シュミットの「委任独裁」と「主権独裁」の区別を、「憲法秩序を保護する目的とする立憲独裁」と「そうした秩序の転覆へといたる非立憲独裁」との間の対立と再定義したC. J. フリードリヒの文献を引き合いに出して、「立憲独裁の理論は、民主主義的憲法体制の防衛のために正当化されたはずの例外的諸手段がその憲法体制を破壊に導くものと同一であるという悪循環にとらわれ続けている」（17頁以下）とする指摘は正鵠を射ている。

を構想し、さらに第 32 次地方制度調査会答申（以下、「第 32 次地制調答申」または「答申」）に基づき法制化しようとしている。この答申は、今後の地方自治・地方分権のあり方もさることながら、日本の「統治のパラダイム」にかかる方向性を示唆する内容を含んでおり、それはすぐれて憲法問題を孕んだものである。このような「統治のパラダイム」を維持することは、「官僚制改革の逆機能」に陥ったままの中央政府が一層多くの権力・権限を獲得し、逆に、地方政府がますますその権力・権限を奪われることになる。その結果、地方自治・地方分権は、一層軽視・無視されることになり、結局、悪しき中央集権体制、さらには全体主義体制に向かうのではないかという危惧を呼び起こすことになる。本稿は、このような視点から、第 32 次地制調答申が示す課題について、総合的・俯瞰的な観点から若干の批判的検討を行うものである。なお個別の課題については、本書の各部・各章の個別的具体的分析を参照されたい。

2　第 32 次地方制度調査会答申
―2040 年頃から逆算して、地域の未来像が描けるのか

　政府の「Society 5.0 構想」を具体化するため、総務省・自治体戦略 2040 構想研究会の第 1 次・第 2 次報告が出され、さらに、内閣総理大臣の諮問を受け、バックキャスティング手法に基づき、第 32 次地制調の「2040 年頃から逆算し顕在化する諸課題に対応するために必要な地方行政体制のあり方等に関する答申」が、2020 年 6 月 26 日、内閣総理大臣に手交された。

(1)　厳しい「資源制約」のもとでの地域の未来予測
　この答申は、いわゆる「2040 年問題」に対して、①地方行政のデジ

3　白藤・岡田知弘・平岡和久『「自治体戦略 2040 構想」と地方自治』（自治体研究社、2019 年）を参照。

タル化、②公共私の連携、③地方公共団体の広域連携、および④地方
議会の 4 項目を柱に回答を示したものである。政府からすれば、「2040
年問題」も知らない能天気な国民・住民に「地域の未来像についての議
論」を促す覚醒薬とでもいいたいところであろうが、この答申が 2040
年にピークに達するといわれる人口減少問題にかかる様々な「資源制
約」を大前提にする限り、行政需要や経営資源に関する客観的な長期
的な見通しに基づく「地域の未来予測」といっても、それは超緊縮財
政型の行政サービス提供を志向し、政府に対する国民要求の「自粛」
を求める内容であることは見え見えである。このような「資源制約」
の過度な強調は、国民・住民を委縮させこそすれ、地域の未来への夢
や希望を抱かせるインセンティヴにはならない。これでは、とうてい
地域の未来像は描けない。

　答申は、人口構造の変化、インフラストラクチャーや空間の変化、技
術・社会等の変化、大災害のリスクなど、ほぼ回避不可能とされる将
来予測を根拠にして、そこから逆算して、今後の「地方行政体制」の
あり方を検討するというものである。ところが、2040 年頃のリスクど
ころか、中間報告後に生じた直近のパンデミックすら予測できなかっ
た第 32 次地制調は、想定外の新型コロナウイルス感染症への対応にも
迫られることになった。そこで、新型コロナ感染症の収束後の「新た
な日常」の目途も立たないまま、これに対処するための有効な手法と
して、「地方行政のデジタル化」が審議の中心に急浮上することなった。
しかし、「例外状態」においても「非例外状態」においても、そもそ
も行政サービスのスマート化は難問である。たとえば技術革新の活用
の課題（デジタル化の課題）とその「共同化」の課題（デジタルネット
ワーク化の課題）はそれぞれ別問題であろうし、たとえ行政手続のデジ
タル化が比較的容易に進められても、自治体の情報システムの「標準
化」・「共同化」等のデジタルネットワーク化の法制化（「法令に根拠を
持つ標準化」）は地方自治の問題が絡むところでもあり、困難を極める

ことは必至である。また、窓口業務への AI やロボットの導入を首尾よく果たすことができ、業務の「共同化」を進めることができ、さらにアウトソーシングを含めた業務委託や無人化が進んだとしても、それまで当該事務にかかった自治体職員を介護等の「対人サービス」に配置換えができるかといった繊細な労働問題もある。いずれも地方の実情、現場の事情抜きには、解決の処方箋はそう簡単には書けるものではない。

バックキャスティング手法は、2040 年頃にかけて深刻化する「資源制約」への対処を強制的に考えさせる有効な手法であるかもしれない。しかし、市町村に対して、客観的なデータに基づく具体的な「資源制約」にかかる「地域の未来予測」を求め、地域を支える多様な主体を含めて、「資源制約の下で何が可能なのか」、「どのような未来を実現したいのか」といった具体的なビジョンの共有を迫るものである。「地域の変化・課題の見通し」を自らが立て自己解決を模索するといえば聞こえはいいが、「資源制約」のもとで「己を知れ」「身のほどを知れ」といわんばかりの「自粛」を求めているようにもみえる。

(2) 「組織の枠超え」の「公共私の連携」

第 32 次地制調は、一見すると、「地方行政のデジタル化」が最優先課題としているようにみえるが、やはり同専門小委員会が最も審議時間を費やした「公共私の連携」と「地方公共団体の広域連携」が本丸であることに変わりはない。「地方行政のデジタル化」は、このふたつの「連携」の基盤整備という位置づけに違いない。

まず、「公共私の連携」は、市町村だけではなく、地域の多様な主体（コミュニティ組織、NPO および企業等）に、それぞれの「組織の枠超え」を求めるものである。市町村が地域の多様な主体をネットワーク化するためのプラットフォームとなることを期待し、公共私のサービス提供主体のベストミックスを目指すものである。ただ、この「多

様な主体との連携」という課題は、地域における「共助」を不可欠とすることから、地縁法人制度の再構築の課題などを提起することになる。これは、専門小委員会座長の山本隆司氏の関心が強い機能的自治組織論（地域自治組織・地域運営組織のあり方論）に関係するところである。コミュニティ組織などの多様な主体に、誰が参加し、どのような法人格を付与するかといった法律論が避けられないものである。また、「公共私の連携」が本格化すれば、公務員の法的地位や働き方への影響は大きい。公務と公務以外の職・業を兼ねることができるようにするための「一人複役」論などが顕在化するのは必然である。ただ、これは公務員法制の根幹にかかわる問題であり、「公権力行使等地方公務員」（最大判平17年1月26日）と定義される地方公務員の法的地位からして、国家の公共性にかかる容易ならざる問題であることに注意したい。公権力の行使の人的要素である公務員が、「一人複役」を演じるといっても、乗り越えなければならない法の壁は高くて厚い。

(3) 「地域の枠越え」の「地方公共団体の広域連携」

　一方、「地方公共団体の広域連携」は、「地域の枠越え」にかかる問題である。現行地方自治法においては、すでに行政の執行段階における広域連携手法・事務の共同処理手法が多様に存在するところである。そこで答申では、専ら広域連携による事務処理の計画段階における合意形成の手法が模索されている。連携契約等を活用した連携計画や連携計画作成市町村による合意形成を可能とするために、「共私の担い手」を含めた「合意形成過程のルール化」などの法制化が課題とされている。このような広域連携の法制化については、全国町村会などから、特定の広域連携の枠組みへの誘導が懸念されているところであり、慎重な対応が求められる。いずれにしても、定住自立圏・連携中枢都市圏における市町村の広域連携と、これ以外の圏域における市町村の広域連携の事情は大きく異なることであり、厳しい「資源制約」から

出発するいかがわしい「連携」論、つまり、「貧貧連携」のごとき「連携」論に陥ることのないよう財政措置を含めた市町村自治保障をわきまえた検討が不可欠である。

　このほか、都道府県による市町村の補完・支援体制についても改めて議論されている。都道府県による市町村の補完・支援の手法については、事務の委託・事務の代替執行など、法令上の役割分担の変更を踏まえた制度がすでに存在するが、法令上の役割分担を変更することなく都道府県と市町村が一体的・協働的に行政サービスを提供する手法が模索されているようである。ただし、この場合であっても、市町村自治保障の観点からすると、都道府県と市町村との役割分担の明確化と双方の同意は不可欠である。また、そもそも市町村の広域連携が困難な場合が予想されるが、市町村から都道府県への連携契約等に基づく役割分担の協議の要請の法制化も議論されたが、協議を要請する市町村と要請される都道府県の双方の地方自治のあり方の検討が不可欠である。市町村自治を尊重したかたちで、しかも都道府県自治を侵さない補完・支援体制の法制的検討が喫緊の課題ということになろうか。この点、答申では、たしかに「地方行政体制」の用語は頻出するが、「地方自治」の用語はたった２回しか出てこない。いくら「2040年頃から逆算し顕在化する諸課題に対応するために必要な地方行政体制のあり方等に関する答申」とはいっても、都道府県・市町村の充実した地方自治の保障が地方制度調査会の最優先課題であることを忘れてはなるまい。

3　「地方行政のデジタル化」の論理と地方自治

(1)　「地方行政のデジタル化」が筆頭課題なのか

　答申では、新型コロナウイルス感染症対策における国・地方を通じ

4　阿部知明「これからの地方行政体制の姿―第32次地方制度調査会答申を読む」地方自治第873号（2020年8月号）2頁以下参照。

た行政分野のデジタル化・オンライン化の遅れが指摘されたことを奇貨として、「地方行政のデジタル化」の課題が冒頭に置かれることになった。コロナ禍中で、堪えがたい国政の軽さに堪え、「自粛」ではなく「萎縮」を強いられた国民からすれば、コロナ対策にかかる政府対応策の不首尾を「地方行政のデジタル化」の遅れのせいにされてはたまらないところである。ただ、「古い政治様式」に頼る政治家たちが国民には「新しい生活様式」を求める違和感は措いても、本来、過去・現在の「結果」としての未来であるはずだが、コロナ禍が原因となって過去・現在と未来との間の国家・社会の「非連続・不連続」が生じる可能性は否定できない。この点、答申は、コロナ禍といった直近未来の予測すらできないまま、2040年頃の「ほぼ避けられないと考えられる将来予測」を踏まえたデータに基づき、2040年頃までの「連続」を前提に諸課題への対応を政策化し法制化することを続けている。しかし、コロナ禍を経験したいま、この根拠なき「連続」こそが、まずはその根拠を問われなければならない。「地方行政のデジタル化」を「公共私の連携」と「地方公共団体の広域連携」の基盤となる筆頭課題とすることの妥当性が問われるべきなのである。第32次地制調に、人口減少社会そのものの緩和なり抑止なりの政策を直ちに示せということは無理だとしても、2040年頃からの「逆算」ではなく、コロナ禍中のいまから「順算」して、私たちのいのちと暮らしを守るための「新しい自治様式」に基づく地域の未来像を描くことを筆頭課題とするべきと考える。

(2) 「地方行政のデジタル化」は自治体と住民の情報を 奪うものであってはならない

　コロナ禍中、オンライン教育、テレワーク、ウェブ会議など、社会全般のデジタル化が一気に進んだ。これを好機といわんばかりに、国家・社会のデジタル化再編が進められている。2020年7月17日に閣議決定された「経済財政運営と改革の基本方針2020──危機の克服、そ

して新しい未来へ」（いわゆる「骨太方針2020」）では、新型コロナウイルス対策や頻発する災害への対応、デジタルトランスフォーメーション（DX）の推進などを柱として、「デジタル化の遅れ」を指摘する一方、10年かかる変革を一気に進めるため、コロナ後の「新たな日常」の構築に向けたデジタル化への集中投資が明示されている。「デジタルニューディール」と呼称されている。具体的には、大企業と中小企業間の取引やサプライチェーンにおけるデジタル化、AIやロボットの導入に対するDXの推進が強調されている。

　答申の「地方行政のデジタル化」は、地方版デジタル化再編の法制化の方向を示すものである。[5]AI化やデジタル化は、たしかに行政や暮らしの便利化・効率化に役立つかもしれないが、その副作用は深刻である。私たちの個人情報が丸ごと国家や企業に簒奪されてしまうリスクをともなうものであるからである。実際、スマートシティやスーパーシティといわれるAI・デジタルシティ化構想は、自治体情報や住民の個人情報を丸ごと、行政や民間事業者が回収してしまうデータ基盤整備を行うものであることに注意しなければならない。自治体のDNAである自治体情報や住民の個人情報を安易に奪われてはならない。

(3)　「地方行政のデジタル化」で個人情報保護はどうなるか

　デジタル化やネットワーク化そのものが悪者であるというのは早計であるかもしれない。江戸の昔から、ネットワークなるものは存在し、それは「連」と呼ばれた。しかしそれは、ネットワーク始めにありきではなく、それぞれの人々が集まった「場」のコンテンツがさまざまな「連」となり、その結果、ネットワークになっただけであると解されるからである。[6]これを、地方自治にひきつけていえば、それぞれの

5　行政デジタル化の論点については、デジタル化政策および法制化について、第32次地制調答申の「地方行政のデジタル化」も含めて、白藤・自治体問題研究所編『デジタル化でどうなる暮らしと地方自治』（自治体研究社、2020年）において整理しているので参照のこと。

6　田中優子『江戸はネットワーク』（平凡社ライブラリー、2008年。初版は、1993年）。

自治体がそれぞれの行政のコンテンツに応じて自発的に接合・節合・切合して、「連自治」のごときものを形成していくとすれば、まさしく自治体間のネットワークとなる。しかし、第 32 次地制調答申の「地方行政のデジタル化」は始めにネットワークありきであり、あくまでも「公共私の連携」および「地方公共団体の広域連携」の基盤整備のためのものであることが問題なのである。しかも、スーパーシティ構想などにみられるデジタルネットワーク化は、単なる行政手続・行政過程だけでなく、自治体の脳の中の作用、つまり判断内容・意思決定に影響を与えるデジタル化とそのネットワーク化が企図されているようにみえる。そうなれば、自治体の判断内容・意思決定までもが、丸ごとアウトソーシングされる危険が孕むところが問題なのである。

　日頃、私たちの多くは、その消費行動・情報管理行動等において、GAFA（Google、Apple、Facebook、Amazon）などに、その恐ろしさも知らずに、自発的に個人情報を提供してしまっている。私たちの個人情報の管理・監視主体は、もはや政府ではなく、このような情報・流通・テクノロジー等の大企業・プラットフォーマになってしまっている[7]。しかし、彼らとて、これでは民主的正統性や法的正統性は何ら担保されていないことは百も承知のはずである。そこで、この「正統性」を生み出す錬金術的手法として、「公共私の連携」による情報独占・データ主権の「正統性」を追求せざるを得ないと考えているのであろう。そして、このデータ主権の獲得競争が、基本的人権の中枢部分に属する個人情報保護を危機に晒しているのである。個人情報保護が喫緊の憲法的・行政法的課題となるゆえんである。

7　「『巨大 IT が秩序』現実に　デジタル化、国家置き去り」（日本経済新聞デジタル、2020 年 12 月 21 日）は、「人の意思や交渉によらない『AI カルテル』を、現行の競争法で規制することはできない」との懸念を紹介し、デジタル化はこれまでのルールを置き去りにして急速に進んでおり、既存秩序の根拠となっていた法典や規制と、目の前で進む現実との間には埋めがたいほどの距離が開き始めていると指摘している。

(4) いわゆる「2000個」問題と個人情報保護条例

　ところが、公共データのオープン化にあたってデータ利活用環境の整備が必要となってくるところ、多様な個人情報保護条例がさまざまな個人情報の定義をしたり、制度内容に大きな差異があったりして、官民間、官官間、官公間における円滑なデータ流通の邪魔になっているという認識が広まっているようである。いわゆる「2000個」問題（個人情報保護条例の数が2000自治体あることから、こう呼ばれる）である。憲法学者の宍戸常寿は、公的部門における個人情報の取り扱いに関する規律の不十分さについての指摘はしつつも、個人情報検討会「個人情報保護制度の見直しに向けた中間整理案」（2020年8月）が示した、個人情報保護法、行政機関個人情報保護法および独立行政法人等個人情報保護法を統合してひとつの法律にし、個人情報保護委員会が国の行政機関等を含めて一元的に監督する体制の構築を支持しているようである。[8]2021年通常国会に提出予定の三法統合案には、地方における個人情報保護ルールの共通化も盛り込まれるとの情報もある。宍戸は、個人情報保護制度の共通化が、経済的関心からの流通・利活用の促進のためだけでなく、デジタル社会における地方自治および地方行政に不可欠であり、共通化の方向性が地方自治・分権に逆行すると捉えるべきでなく、基幹系システムの標準化と同じく、地方行政の責務をデジタル化社会で効率的に果たすために必要なものとして積極的に評価すべきであるとしている。これらの個人情報保護の共通制度の下で、自治体の独自条例を否定するまではしないが、その運用の可能性の余地を実体的・手続的に明確化することが必要であるというにとどまる。それより個人データへの権利がデジタル社会における基本的権利だとすれば、その姿が地域ごとに異なることは原則想定しがたいとまで述べる。詳論する暇はないが、自治事務という個人情報保護

8　宍戸常寿「地方行政のデジタル化と個人情報保護」地方自治第876号（2020年11月号）2頁以下参照。

事務の性格からして、また、より根源的には、地方自治の本旨からして、このような考え方は地方自治の保障を熟慮したものとは考えにくく、受け入れがたい。地方行政のデジタル化と個人情報保護制度の見直しが一体であり、公共私の連携や広域連携の施策とも密接に関係すると考え、さらに、デジタル社会が持続可能な経済成長だけでなく社会的課題解決にも資するSociety 5.0へと健全に発達することを願うのは自由であるが、個人情報管理の論理と個人情報保護の原理がせめぎ合う問題について、もう少し慎重な議論がほしい。

⑸　「デジタル権威主義体制」の危険

　個人情報保護の問題に限られず、デジタル社会における個人の自律と民主主義の確保が喫緊の課題となる。最近、市民あるいは民主主義を繋げる運動として、シビックテック（Civic Tech）のように、市民自身が、テクノロジーを活用して、行政サービスの問題や社会課題を解決する取り組みや、取手市のように「デモテック宣言」をする自治体も登場している。デジタル社会における参加民主主義をいかに可能にするか、そのために社会をどのようにデザインするかの議論が不可欠であることからすれば、市民の側からの積極的な挑戦が歓迎されるところもある。しかし、ドイツの若き哲学者マルクス・ガブリエルの「デジタル権威主義体制」の危険についての警告には耳を傾ける必要がある。デジタル化による「公的な領域と私的領域の区別の喪失」は全体主義のひとつの特徴であり、デジタル化によって権力集中と格差拡大の危険が一層高まるという指摘である。このような「デジタル全体主義」あるいは「デジタル中央集権」といった新しい全体主義と中央集権主義の政治様式の登場には十分な注意が必要である。

　9　「新全体主義に精神のワクチンを　マルクス・ガブリエル氏」（朝日デジタル2020年9月4日）。

4　第32次地方制度調査会答申の「連携」の論理と地方自治

　「地方行政のデジタル化」の先には、「公共私の連携」と「地方公共団体の広域連携」というデジタルネットワーク化の魔物が待ち受けている。「組織を超えた連携」（データの官民共同利用など）や「地域を越えた連携」（全国レベルでの標準化・共同化など）が現実化すれば、国や大企業が「デジタル主権」を独占することになり、地方は国や大企業のデジタル端末になりかねないからである。これらの個別具体の問題については、第Ⅱ部および第Ⅲ部の各章の論稿を参照願いたい。

(1)　機能的自治論と"as a Service"論

　このような「公共私の連携」および「地方公共団体の広域連携」の通奏低音として、「区域的自治（領域的自治）」（一定の区域を前提として、住民が存在し、法人格あるいは自治権を有する自治体による地方自治）を超越する「機能的自治」（行政の機能に着目し、その行政機能の最適処理を目指す地方自治）といった考え方がある。この考え方は、最悪の場合、機能適正な機関構造をもった行政組織であればよいと考える傾向にあるため、区域に基づく地方自治はもはや不要であるとする考え方に陥りやすい。そのため自治体を行政サービス提供主体としてだけとらえ、その機能を最適に果たせるならば、そのサービス提供主体は何も自治体に限る必要はないということになりかねない。つまり、行政サービスの提供主体が、「官公主体」であろうが、「公公主体」であろうが、「公民主体」であろうが、はたまた「公共私主体」であろうが一向にかまわないと考えることになりかねない。典型的には、「サービスとしてのガバナンス（GaaS）」（Governance as a Service）といった考え方である。増田寛也は、もしこれがうまくいけば、もはや地方自治における「団体自治」は不要であるとまで喝破する。一時は、「地方分権

10　増田寛也「人口減少社会の到来と自治の未来」自治実務セミナー 2019 年 7 月号など。「住民

改革」の旗手とまでいわれたが、憲法が保障する地方自治にここまで
無自覚・無頓着になれるものかと驚くばかりである。"as a Service"
（サービスとして）の発想は、顧客の要望に応じてサービスを提供する
経営論であり、必要な情報をクラウドに集積し、必要な時にそれを取
り出し、サービス提供の効率を上げ、無駄をなくすことを特徴とする
ようである。このような "as a Service" の経営主体が、行政サービス
提供主体として法制化されることになれば、憲法が保障する地方自治
は終焉するしかない。「地方自治」なき「地方自治体」は単なる「体」
になるが、「行政サービス提供主体」あるいは「公共サービス提供主
体」の「行政」あるいは「公共」がとれれば、単なる「サービス提供
主体」になる。地方自治体が、単なる「サービス提供主体」になって
いいはずがないではないか。雲をつかむようなクラウド化の話ではす
まされない話である。

⑵　「機能的自治」は、「区域的自治」の何をどのように補完すべきか

　「機能的自治」は、理論的には、狭域の地方自治組織でも、広域の圏
域行政ネットワーク組織でも成立可能である。今回の答申では、「圏域
行政の法制化」は見送られたようにみえるが、「地方行政のデジタル
化」の火種はしっかり残されていることには注意したい。これが「公

───

から見ればサービスが提供されればどんな主体でも構わない時代になってきている。次世代の交通サービスである MaaS（モビリティー・アズ・ア・サービス）では移動手段を獲得できれば形態を問わない。路線バスでもマイカーでもタクシーでも何でもいい。同じように最近、ガバナンス・アズ・ア・サービスということを考えている。国だろうが自治体だろうが、中間的な団体だろうが、社会保障など最低限のサービスが提供されれば良い。そんな時代になるのではないか。極論すれば団体自治はもうあまり問題ではない。」（日本経済新聞、2019年4月18日朝刊）。
11　最近の出版物では、日経産業新聞編『XaaSの衝撃　すべてがサービス化する新ビジネスモデル』（日本経済新聞出版、2020年）が、MaaS, CaaS, PaaS などの実例を示す。直近では、政策会議「マイナンバー制度及び国と地方のデジタル基盤抜本改善ワーキンググループ」が、「（仮称）自治体等共通SaaS基盤」の構築と国・地方活用可能な複数クラウドサービスの利用環境「（仮称）Gov-Cloud」の整備方針に関する報告書を出したとの報道（自治日報2020年12月18・25号）。
12　田中聖也「市町村間の広域連携について─第32次地方制度調査会を振り返る」地方自治

共私の連携」および「地方公共団体の広域連携」の火つけ役として機能すれば、狭域および広域にわたる機能的自治組織は広がり、狭域をカバーする地域自治組織だけでなく、広域をカバーする圏域行政ネットワーク主体にも火が付くことは確実である。このような「区域的自治（領域的自治）」破壊の地雷は埋め込まれていることに十分な注意が必要である。

　地方自治の核心部分である「区域的自治（領域的自治）」を収縮させないためには、いま一度冷静に、「区域を越える機能とは何か」を考える必要がある。ただし、ここでも、「機能的自治」そのものが丸ごと悪ではなく、「区域的自治（領域的自治）」が行政機能の何をどのように補完して担うべきかといった本質的な問題を検討しなければならない。圏域行政主体論はともかく、地域自治組織や地域運営組織といった機能的自治行政組織は、その活用次第で「区域的自治」を大いに補完することができるものである。ただ、「機能的自治」が「区域的自治」に丸ごと代替するなどといったことはありえないし、またはあってはならないということを肝に銘じる必要がある。「区域的自治」を超越する「機能的自治」の可能性を考える場合、空間秩序（Raumordnung）権としての自治体の区域・空間的自治権を、それぞれの機能に分離・分化し、機能的自治権に転換させてしまっては、もはや地方自治の意義は大きく変容してしまうことになると考えるからである。それは、もはや伝統的な意味での地方自治でもないし、憲法が保障する地方自治とはまったく異なる質のものとなるからである。

第874号（2020年9月号）2頁以下は、答申には、「圏域構想」なるものは記載されていないが、見送る、記載しないと判断したわけでもないと記されている。また、「圏域構想」なるものは、専門小委員会では、何ら議論されていないとも繰り返される。総務省が圏域を新たな行政主体と位置付けるという「複案」を温めているのではないかとの懸念を強く意識していることがわかる。なお、「圏域行政」の法制化の検討および「自治体連携」・「広域連携」の法制化についてのやや詳しい分析は、白藤「『Society 5.0』時代において地方はどこまで自治が可能か―『自治体戦略2040構想』を手がかりに」論究ジュリスト2020年春号（第33号）55頁以下、特に57頁以下を参照のこと。

(3)　行政サービス提供主体の多元化（GaaS や「機能的自治団体」）と費用負担

　第 32 次地制調の専門小委員会では、「新たな地域自治組織」のあり方を検討するため、アメリカやドイツの「機能的自治団体」も検討された。「機能的自治」は、「国や地方公共団体の組織法令に基づき、しかし国や地方公共団体から一定程度独立に、特定の公的な任務・事務を遂行することを目的として、当該事務の利害関係者の全員が構成員となる団体を組織することを意味する」と定義され[13]、選挙権の行使等をとおして自治体行政への参加権・行政サービス受給権が保障される「区域的自治」とは本質的に異なるものと解される。それゆえ、「機能的自治」あるいは「機能的自治団体」が承認されるためには、「機能的自治団体」の構成員の利益の均質性・同質性が確保され、当該団体の意思決定の効果が構成員に限られるなどの制約がともなうことになる。つまり、「機能的自治」は、「住民自治」による「民主的正統化」の不足を、「構成員自治」による「自律的正統化」で補わねばならないという宿命を負っているといえる。このような意味での「構成員自治」による「自律的正統化」には、当然ながら固有の費用負担の問題が生じる。地方自治（「区域的自治」）の場合は、原則的に租税負担、例外的に負担金、分担金等（「受益者負担金」）となるが、「機能的自治」の場合は、構成員に対する「非租税公課」（税外負担）といった「受益者負担」の問題は避けて通れないことになろう。この点、しばしば改正地域再生法（2018 年）における「街区」の地域再生エリアマネジメント負担金制度が参考とされるが、「新たな地域自治組織」における費用負担が、原則的に「受益者負担」ということになると、「受益者負担」を履行できる地域とそうでない地域との間にサービス受給の格差が生じ

13　山本隆司「機能的自治の法構造―「新たな地域自治組織」の制度構想を端緒にして」総務省『地方自治法施行 70 周年記念自治論文集』217 頁。このほか「「新たな地域自治組織」と BID」地方自治第 847 号（2018 年）2 頁以下も参照。

る可能性が否定できない。本来、地方公共団体が提供すべき給付行政までもが最低限に抑えられ、その上乗せ・上積みの給付行政は受益者負担に委ねられる事態が想定される。GaaSのように、行政サービス提供主体が民間化・商業化されてしまうと、住民はサービスの消費者として、「自助」が強調されることになる。費用負担の問題を抜きに、行政サービス提供主体の多元化は語れないことに注意しなければならない。[14]

おわりに
―「クラウド民主主義」では住民のいのちと暮らしは守れない

　総務省自治行政局長時代の山﨑重孝は、早くから「個々の地方自治体の不連続なイノベーションと個々の地方自治体を超えた連携」が鍵であり、「縮小する経営資源の中で持続可能な行政サービスの供給体制」の構築が地方行政の課題であると述べ、さらに「これからの地方統治構造」の改革を展望していた。[15]彼の議論の特徴は、「地方政府のサービス供給体制」論に終始するところにある。議論のポイントは、都市圏域を中心としたサービス提供の効率化・標準化・アウトソーシング化・ネットワーク化であった。しかも、山﨑の「地方政府」論は、都市圏域単位でのサービス基盤の共有が進めば、「住民参加の単位」としての個々の「基礎自治体」がネットワークで結ばれ、「サービス供給単位」としての「都市圏域」を構築するといった「圏域行政体」論が中心であり、都道府県・市町村の二層制を前提としない「地方政府」論にもなっていた。総務省が、地制調専門小委員会では「圏域構想」なるものについての議論をしていないと頑なに否定してみせるところには、山﨑のこのような「圏域行政体」論および「基礎自治体」論と

14　同趣旨として、白藤「総務省『自治体戦略2040構想』の検討」住民と自治第670号（2019年2月号）7頁以下、特に10頁を参照。

15　山﨑「「2040年」」地方自治第842号（2018年1月号）12頁。同「地方統治構造の変遷とこれから」総務省『地方自治法施行70周年記念自治論文集』939頁以下。

一定の距離をおきたいという考え方があるのかもしれない。

　ただ、山﨑が、そして「自治体戦略2040構想」が示した自治体の「人口縮減時代のパラダイムへの転換」論は、いまも確実に生きている。人口縮減時代における自治体には、専ら若年労働力をはじめとする経営資源の制約から、公共私の協力関係を再構築し、住民生活に不可欠なニーズを満たす「プラットフォーム・ビルダー」に転換することが求められるというものである。そして、人口拡大期には、個々の独立した自治体が行政課題の解決のために、知恵と工夫を駆使して「個別最適」を追求し「全体最適」をもたらしたが、人口縮減期には、行政サービスの質や水準に直結しない個々の自治体の業務のカスタマイズは、かえって「全体最適」の支障となるというものである。そこで、今後の自治体には、自律的な意思決定を行う主体であることは前提としつつも、その「機能」の十分な発揮のため、標準化された共通基盤を用いた効率的なサービス提供体制を構築することが求められるというものである[16]。どうであろう。第32次地制調答申と平仄が合うではないか。

　したがって、第32次地制調答申は、このような「自治体行政（OS）の書き換え」のプロジェクトを確実に引き継いでいるとみるべきである。答申の「地方行政のデジタル化」をとおして、「公共私の連携」および「地方公共団体の広域連携」を図ることで「全体最適」を実現するといった構想であり、きわめてわかりやすいではないか。そこでは、デジタルネットワーク型の統治システムを構築する中で、国や大企業に同期させられる自治体の姿が鮮明に浮かび上がる。個的存在としての自治体が全体の中に溶けていく姿が見えてくるではないか。人口縮減期における厳しい「資源制約」を前提にして、「地域の未来予測」を強いて、「個別最適」の追求を放棄し、「全体最適」のために奉仕する自治体の姿は、地方自治の縮退あるいは地方自治の無化の姿以外の何

16　白藤「地方自治保障戦略なき『自治体戦略2040構想』」地方自治職員研修第716号（2018年）30頁以下参照。

物でもない。

　自治体の役割や仕事は、そもそも採算が取れず、生産性や効率性を優先できない行政サービスの提供であり、生産性や効率性を追求する私企業のサービス提供ではない。地域の人づくりや自治づくりが基本ではなかったのか。全国民と地域の住民が、自ら税金を納め、その存在を維持し、いのちと暮らしを支え合う仕組みとしての地方自治ではなかったのか。ネットワークはネットワークでも、「生活安全網」の編み込みを目的とするいのちと暮らしを繋ぐネットワークではなかったのか。

　自治体は、行政サービス提供の単なる「プラットフォーム・Platform」ではない。自治体は民主主義・地方自治の「プラットホーム・"Plathome"」である。「ホームルーム・Home Rule」といった地方自治の原理に立ち戻った議論をしなければならない。雲をつかむような「クラウド民主主義」では、住民のいのちと暮らしは守れない。

　ただ、デジタル化を最良・最強の社会的コミュニケーションシステムと信じて群れる人間集団・社会集団の存在はもはや無視することができない。デジタルネットワーク化社会における「クラウド民主主義」は、いまや政治的シンボルと化している。したがって、好むと好まざるにかかわらず、「クラウド民主主義」に群れるものたちの「民主的正統化」の可能性の追求は、喫緊の法的課題となろう。しかし、それだからといって、地方・地域でいのちと暮らしを育むリアルな人間の生存基盤と尊厳を守る憲法的地方自治の公共性（存在理由）が失われるわけでは毛頭ない。それゆえ、第32次地制調の「地方行政のデジタル化」をはじめとする答申内容は、「クラウド民主主義」と「地域民主主義」との共立関係を示すひとつの考え方としてありうるとしても、これで了とするわけにはいかない。今後その具体的法制化にいたるプロセスにおいては、憲法が保障する地方自治の観点からの細心の注意が払われなければならない。

第3章

地方行政デジタル化の論点
—自治体 DX と地方自治—

本多滝夫

1　第 32 次地制調答申と骨太方針 2020

　第 32 次地方制度調査会（以下「第 32 次地制調」）の「2040 年頃から逆算し顕在化する諸課題に対応するために必要な地方行政体制のあり方等に関する答申」（以下「答申」）において「地方行政のデジタル化」は、2040 年頃にかけて人口構造、インフラ・空間、技術・社会等に生じることが見込まれる変化、そして大規模災害や新型コロナウイルス感染拡大によるリスクに適応するために必要とされる対応のなかで第 1 番目のものとして挙げられている。第 2 番目は「公共私の連携」、第 3 番目は「地方公共団体の広域連携」、第 4 番目は「地方議会」である。

　ところで、内閣総理大臣から諮問された事項は「圏域における地方公共団体の協力関係、公・共・私のベストミックスその他地方行政体制のあり方」となっており、「圏域」、すなわち「広域連携」の新たな法制度化が政権から第 32 次地制調に課された最優先課題であった。しかし、答申は、「圏域」といった用語を欠くばかりか、「圏域」の代替用語である「広域連携」すらも、すでに見たように第 1 番目の提言とならず、諮問には明示されていなかった「地方行政のデジタル化」にその座を奪われてしまっている。

　第 32 次地制調への諮問の契機となった自治体戦略 2040 構想研究会の第 2 次報告（2018）では、「新たな自治体行政の基本的考え方」の 1 番目として「スマート自治体への転換」が挙げられていたことに照ら

せば、答申は、2040 構想研究会の第 2 次報告の線に戻ったと見ることもできよう。もっとも、未来の自治体像として、「破壊的技術を使いこなすスマートな自治体」といった〈賢い（スマート）自治体像〉も描かれつつも、2040 年頃における労働力の厳しい供給制約の脈絡においては「半分の職員でも担うべき機能が発揮される自治体」といった〈細身の（和製英語のスマート）自治体像〉が前面に描かれていたといってよい。[1]

　これに対して、答申は、「行政サービスの提供体制を平時から Society 5.0 における技術の進展を最大限活用したスマートなものへと変革し、デジタル社会の基盤となるサービスを提供していく必要が」あり、「社会全体で徹底したデジタル化が進めば、東京一極集中による人口の過度の偏在の緩和や、これによる大規模な自然災害や感染症等のリスクの低減も期待できる」（同 4 頁）といったように、Society 5.0 と社会全体のデジタル化を 2040 年頃に顕在化する危機の解決手法として前面に掲げている。2040 構想研究会が謳った「スマート自治体への転換」とは位相をやや異にしていると思われる。

　第 32 次地制調の会長、市川晃氏が副代表幹事でもある経済同友会は、答申に先立つ 6 月 16 日に、「新型コロナウイルス問題に対する中長期的な対応方針についての意見」を公にしていた。そこでは、「デジタルガバメントの刷新」の一項目として「地方行政のデジタル化」が挙げられ、「国は全体の最適化を目指し、国主導で地方行政のデジタル化のための環境整備を進めるべきである」と提言していた。この意見書は、「経済財政運営と改革の基本方針 2020」に盛り込むべきものを経済同友会がとりまとめたものである。はたして、翌 7 月 17 日に閣議決定された「経済財政運営と改革の基本方針 2020」（いわゆる「骨太方針 2020」）では、経済政策として「デジタルニューディール」が掲げられ、「デジタル・ガバメントの断行」がその柱とされるとともに（同 5

1　本多滝夫「地方自治制度から見た問題点と課題」自治と分権（2020 年）35 頁参照。

頁、10 頁）、第 32 次地制調の答申に言及しつつ「国・地方を通じてデジタル基盤の標準化」が政策課題の一つに掲げられたのである（同 18 頁）。

　ところで、骨太方針 2020 では、「我が国も、デジタル化を原動力とした『Society 5.0』実現の取組を推進してきているが、行政分野を中心に社会実装が大きく遅れ活用が進んでおらず、先行諸国の後塵を拝していることが明白となった」として、「デジタル化、そして、Society 5.0 の実現は、経済社会の構造改革そのものであり、制度や政策の在り方や行政を含む組織の在り方なども併せて変革していく、言わば社会全体のＤＸの推進に一刻の猶予もない」旨が強調されている（同 5 頁）。ここでは、第 32 次地制調とは異なる問題意識、すなわち、Society 5.0 は経済社会の構造変革そのものであり、構造変革とは社会全体の DX、すなわち社会全体のデジタルトランスフォーメーション（Digital Transformation　以下、「DX」）であると把握されているのである。

　こうしてみると、答申に掲げられている「地方行政のデジタル化」は、デジタル・ガバメントや Society 5.0 といった政策を媒介として、骨太方針 2020 で掲げられている社会全体の DX の一環として遂行されるものであるといってよいだろう[2]。

　そこで、本章では、答申と骨太方針 2020 においてキー概念とされているデジタル・ガバメント、Society 5.0、そして、DX の趣旨を解題しながら、政府と経済界におけるデジタル化政策の戦略を分析するとともに、答申のいう「国・地方を通じたデジタル化」がいかなる局面において自治体の変容を迫っているのかを明らかにしよう。

2　DX の意義については「2⑶」で詳説する。社会全体の DX への対応として、「特定デジタルプラットフォームの透明性及び公正性の向上に関する法律」（令 2 法 38。いわゆる DP 法）が制定されている。DP 法には、事業者の自主規制が基本理念とされ、罰則・規制措置が弱いなどの問題点があるという。中平智之「菅政権のデジタル化政策と D・X 法、D・P 法―国民・中小企業の見地からの考察」経済 303 号（2020 年）59〜61 頁参照。

2 デジタル・ガバメントと社会全体の DX

(1) 電子政府からデジタル・ガバメントへ　行政のデジタル化

　日本政府のデジタル化に向けての戦略は、内閣に置かれた IT 戦略会議が 2000 年 11 月に策定した「IT 基本戦略」（以下「基本戦略」）に始まる。そこでは「電子政府」という用語が用いられている。

　基本戦略によると、「電子政府」は、「行政内部や行政と国民・事業者との間で書類ベース、対面ベースで行われている業務をオンライン化し、情報ネットワークを通じて省庁横断的、国・地方一体的に情報を瞬時に共有・活用する新たな行政を実現するものである」（同 8 頁）と定義され、その目的は「IT がもたらす効果を日本社会全体で活用するための社会的基盤となるものである」（同 9 頁）とされていた。電子政府という用語は、IT 基本戦略と相前後して同月に成立した「高度情報通信ネットワーク社会形成基本法」（平 12 法 144）、いわゆる IT 基本法に基づいて、内閣に置かれた高度情報通信ネットワーク社会推進戦略本部（IT 総合戦略本部）が 2001 年 1 月に策定した「e-Japan 戦略」に、IT 基本戦略共々引き継がれた。

　IT 基本戦略ないし e-Japan 戦略が必要とされた理由は、基本戦略によれば、「インターネットの普及率は、主要国の中で最低レベルにあり」、「IT がビジネスや行政にどれほど浸透しているかという点から見ても、我が国の取り組みは遅れているといわざる」を得ず、「変化の速度が極めて速い中で、現在の遅れが将来取り返しのつかない競争力格差を生み出すことにつながることを我々は認識する必要がある」（同 2 頁）といった日本経済の国際競争力の劣化に対する危機意識にある。そこで、「電子政府は、IT がもたらす効果を日本社会全体で活用するための社会的基盤」となり、「電子情報を紙情報と同等に扱う行政を実現し、ひいては幅広い国民・事業者の IT 化を促す」（同 9 頁）ことが目標とされた。端的にいえば、政府を日本経済の国際競争力の強化に

資するものとしようというわけである。

　もっとも、電子政府は、現時点ではデジタル・ガバメントにとって代わられている。その理由は、主要には、日本の資本主義のいっそうの遅れに求められるが、電子政府そのものが満足な結果をもたらさなかったところにもある。というのは、後出の「デジタル・ガバメント実行計画」の文書において反省として述べられているところであるが、「各種申請手続のユーザビリティの向上やビジネス環境の改善等、利用者への具体的な価値の提供という点において、必ずしも十分な効果を挙げてきたとは言い難い」からであった（同 9 頁）。

　そこで、デジタル・ガバメントは、2017 年 5 月に高度情報通信ネットワーク社会推進戦略本部・官民データ活用推進戦略会議との合同会議において決定された「デジタル・ガバメント推進方針」によれば、政府が国民・事業者にオンラインを利用させるといった、若干上から目線だった電子政府と異なり、「（国民や事業者といった）利用者価値の最大化という観点から行政サービスを再設計することを基軸としつつ、サービス提供の基盤となるプラットフォーム、下支えとなるガバナンスまで、電子行政に関する全てのレイヤーを変革」する政府概念（「サービス、プラットフォーム、ガバナンスといった電子行政に関する全てのレイヤーがデジタル社会に対応した形に変革された状態」）とされている（同 2~3 頁）。

　デジタル・ガバメント推進方針では、「デジタル技術を徹底活用した利用者中心の行政サービス改革」（方針 1）が重視され、かつ、「官民協働を実現するプラットフォーム」（方針 2）の構築に力点が置かれているところ、前者は、電子政府の失敗に学び、「利用者から見て一連のサービス全体が、『すぐ使える』、『簡単』、『便利』な行政サービスの実現を目指す」試み（同 7 頁）であり、後者は、「行政におけるデータやサービスを開放し、民間や地方公共団体を含めた多様な主体が相互に連携することによって、社会的課題の解決や国民利便性の向上を実現す

るとともに、新たな事業機会を創出することのできる仕組み」を構築
する試み（同9頁）であるとされている。

　後者は、その前年に制定された「官民データ活用推進基本法」（平28
法103）およびこれらに基づいて策定され、上記のデジタル・ガバメン
ト推進方針と同日に閣議決定された「世界最先端IT国家創造宣言・官
民データ活用推進基本計画」と平仄をとったものである。同宣言・計
画は、「全ての国民がIT利活用やデータ利活用を意識せず、その便益
を享受し、真に豊かさを実感できる社会」、すなわち「官民データ利活
用社会」を「新しい社会のモデル」（同7頁）と位置づけ、「官民デー
タを様々な主体が容易に活用できるようにするため、国、地方公共団
体等におけるオープンデータを推進する」とし、そのために「国と各
地方公共団体等が一体となって環境整備を行うことが必要であ（る）」
（同12頁）としている。

　このように、デジタル・ガバメントは、官民データの利活用、とく
に行政が保有するデータのオープン化を推進するため、政府において
意識的に立案された政府概念である。

　その後、「デジタル・ガバメント推進方針」を受けて、eガバメント
閣僚会議（その後、デジタル・ガバメント閣僚会議）において翌2018年
1月に「デジタル・ガバメント実行計画」が定められた。この計画は、
逐次の改訂を経つつ、デジタル・ガバメントの実現に向けた政策の根
拠となっている。

　デジタル・ガバメントを進める法制として、2019年5月には、いわ
ゆるデジタル行政推進法（「情報通信技術を活用した行政の推進に関する
法律」）が、いわゆる行政手続オンライン化法（「行政手続等における情
報通信技術の利用に関する法律〔平14法151〕」）の改正法として、成立
している。デジタル行政推進法は、官民データ利用推進法10条1項
が予定をしている措置の一環として、行政のデジタル化に関する基本
原則のほか行政手続のオンライン化のために必要となるデータの標準

化やクラウド技術の活用、業務改革の推進等をも定めている。さらに、この改正は、情報連携に関係が深い、本人確認情報の提供範囲の拡大や公的個人認証の利用方法の拡大を図るべく、住民基本台帳法、公的個人認証法、番号法の改正とともに一括して行われている（「情報通信技術の活用による行政手続等に係る関係者の利便性の向上並びに行政運営の簡素化及び効率化を図るための行政手続等における情報通信の技術の利用に関する法律等の一部を改正する法律」〔令元法 16〕）。いわば、デジタル・ガバメントの実現に向けた総合立法となっている。

(2)　Society 5.0　社会全体のデジタル化

Society 5.0 は、「第 5 期科学技術基本計画」（2016 年 1 月 22 日）で採用された考え方である。その考え方は、一種の人間社会に関する進歩史観を模倣したものであり、人間社会を、狩猟社会、農耕社会、工業社会、情報社会の 4 段階を辿って進歩してきたものと認識し、それぞれの社会につきソフトウエアのように Society 1.0、Society 2.0、Society 3.0、Society 4.0 と付番する。現時点の社会は情報社会であるところ、近未来の社会は Society 4.0 の次だから Society 5.0 と付番されるわけである。

さて、同基本計画によれば、Society 5.0 はサイバー空間とフィジカル空間を高度に融合させた「超スマート」社会になるとされている。「超スマート社会とは、必要なもの・サービスを、必要な人に、必要な時に、必要なだけ提供し、社会の様々なニーズにきめ細かに対応でき、あらゆる人が質の高いサービスを受けられ、年齢、性別、地域、言語といった様々な違いを乗り越え、活き活きと快適に暮らすことのできる社会」（同 11 頁）であるとされる。

Society 4.0 の社会と Society 5.0 の社会との違いは何であろうか。いま私たちが生きている社会、Society 4.0 は情報社会で、ネットワークでつながったコンピュータを利用して、情報のやりとりを行っている。情報をコンピュータに入力するのも、コンピュータから出力した

情報を利用するのも、人間である。ところが、同基本計画によれば、Society 5.0 と付番される社会は、「ICT を最大限に活用して、サイバー空間とフィジカル空間（現実社会）とを高度に融合させた取組」によるものだとされている（同 11 頁）。

　その具体的なイメージは、内閣府の紹介サイト（https://www8.cao.go.jp/cstp/society5_0/）によれば、次のとおりである。

　　「Society 5.0 では、フィジカル空間のセンサーからの膨大な情報がサイバー空間に集積されます。サイバー空間では、このビッグデータを人工知能（AI）が解析し、その解析結果がフィジカル空間の人間に様々な形でフィードバックされます。今までの情報社会では、人間が情報を解析することで価値が生まれてきました。Society 5.0 では、膨大なビッグデータを人間の能力を超えた AI が解析し、その結果がロボットなどを通して人間にフィードバックされることで、これまでには出来なかった新たな価値が産業や社会にもたらされることになります。」

　さらに、Society 5.0 の社会では、現在、日本社会が抱えている様々な課題が解決されるようである。

　　「Society 5.0 で実現する社会は、IoT（Internet of Things）で全ての人とモノがつながり、様々な知識や情報が共有され、今までにない新たな価値を生み出すことで、これらの課題や困難を克服します。また、人工知能（AI）により、必要な情報が必要な時に提供されるようになり、ロボットや自動走行車などの技術で、少子高齢化、地方の過疎化、貧富の格差などの課題が克服されます。社会の変革（イノベーション）を通じて、これまでの閉塞感を打破し、希望の持てる社会、世代を超えて互いに尊重し合あえる社会、一人一人が快適で活躍できる社会となります。」

　このように Society 5.0 は、好むと好まざるとにかかわらず、センサーが私たちの情報を勝手に吸い取って IoT を経由してクラウド上の AI に送り、これを分析した AI が、これまた IoT を経由して物を勝手に動かしたり、人間に最適行動をとるよう提案をしたりする社会といっ

てよいだろう。

　また、Society 5.0 が実現すれば、東京に住まなくても地方に住んで
十分仕事ができるようになるので、「東京一極集中による人口の過度の
偏在の緩和や、これによる大規模な自然災害や感染症等のリスクの低
減も期待できる」（答申・4 頁）わけで、第 32 次地制調が「社会のデジ
タル化」である Society 5.0 に期待を見出したのも理由がないわけでは
ない。

　Society 5.0 を実現するためには、行政自体も変わらなければならな
い。なぜならば、未来投資戦略会議「未来投資戦略 2018—『Society
5.0』『デジタル駆動型社会』への変革」（2018 年 6 月 15 日）によれば、
Society 5.0、すなわち「21 世紀のデータ駆動型社会」では、「経済活動
の最も重要な『糧』は、良質、最新で豊富な『リアルデータ』」であり、
「データ自体が極めて重要な価値を有することとなり、データ領域を制
することが事業の優劣を決すると言っても過言ではない状況が生まれ
つつある」（同 5 頁）ところ、データを活用したイノベーションや新ビ
ジネス創出、次世代ヘルスケア・システムの構築などを促進するため
には、「行政が保有する膨大なデータのオープン化（誰もが利活用でき
るインフラ化）」、そしてデジタル化したビジネスに対応して、「行政の
あらゆるサービスを最初から最後までデジタルで完結させる原則の下、
公的個人認証システムの普及と利便性の向上」が求められるからであ
る（同 6 頁）。デジタル・ガバメントは、Society 5.0 の実現に必須とさ
れるのである。

(3)　社会全体の DX と企業の DX

　ところで、最近では「デジタル化」という用語だけでなく、DX、デ
ジタルトランスフォーメーションという用語が行政実務において広く
使われている。骨太方針 2020 でも、前出のように「社会全体の DX
の推進に一刻の猶予もない」との指摘があったり、総務省でも、答申

後には、「デジタル化」ではなく、「デジタルトランスフォーメーション」と銘打った検討会（「地方自治体のデジタルトランスフォーメーション推進に係る検討会」）が新たに設けられたりしている[3]。

　後出の経済産業省の DX レポートで引用されている IDC JAPAN 株式会社の定義によると、DX とは、「企業が外部エコシステム（顧客、市場）の破壊的な変化に対応をしつつ、内部エコシステム（組織、文化、従業員）の変革を牽引しながら、第三のプラットフォーム（クラウド、モビリティ、ビッグデータ、アナリティクス、ソーシャル技術）を利用して、新しい製品やサービス、新しいビジネスモデルを通して、ネットとリアルの両面での顧客エクスペリエンスの変革を図ることで価値を創出し、優位性を確立すること」とされる（DX レポート・3 頁）。

　このように市場の性質の変化に応じて、企業が、ビジネスモデルを変化させるとともに、デジタル人材を中心に内部システムを変えていくことが求められている。これが、企業の DX である。

　経済産業省は、「2025 年の崖」という問題意識から、DX に注視していた。経済産業省の「デジタルトランスフォーメーションに向けた研究会」が 2018 年 9 月に公にしたレポート「DX レポート―IT システム『2025 年の崖』の克服と DX の本格的な展開」（以下「DX レポート」）では、この 10 年ぐらいの間に各企業の基幹系システムは更新期を迎えるが、データ処理も新しい形に変換しないと、爆発的に増加するデータを活用しきれないことになり、サイバーセキュリティも保てない。ベンダーもレガシーな技術をサポートし続けることになると、新しい技術を採用し、新たな提案ができなくなる。クラウドが主流とな

3　検討会は 2020 年 11 月 2 日に第 1 回会合を開催している。もっとも、検討会における地方自治体の DX とは「標準化されたシステムを前提とした業務プロセスの見直しや関連業務も含めたシステム最適化、手続のオンライン化など」を指すようであり、後述する「地方行政のデジタル化」の単なる言い換えにとどまるようである。地方自治体のデジタルトランスフォーメーション推進に係る検討会「開催要綱」（https://www.soumu.go.jp/main_sosiki/kenkyu/chiho_dx/index.html）参照。

る、この10年間にシステム更新をどのように行うかによって、日本の
経済成長が変わる、という。

　具体的には「既存システムのブラックボックス状態を解消しつつ、
データ活用ができない場合、2025年以降、最大12兆円／年（現在の約
3倍）の経済損失が生じる可能性（2025年の崖）」があるが、「2025年
までの間に、複雑化・ブラックボックス化した既存システムについて、
廃棄や塩漬けにするもの等を仕分けしながら、必要なものについて刷
新しつつ、DXを実現することにより、2030年実質GDP 130兆円超の
押上げを実現」できるとする。新しいシステムを実現すると、GDP 130
兆円超という経済成長が可能だというのである（DXレポート・26頁）。

　経済産業省におけるDXのねらいは、老朽化・陳腐化しつつある既
存システムの更新期に際し、ユーザ企業とベンダー企業との関係を再
構築するところにある。

　日本では、ユーザ企業はシステム開発・維持管理をベンダー企業に
丸投げする傾向があり、ベンダー企業からなる日本の情報サービス産
業は実態的にはユーザ企業組織の一部機能を構成しており、ベンダー
企業が顧客の代わりにリスクを請け負う受託契約という形態も他国に
は見られない特殊なものとなっている。

　しかし、大型開発の一巡、企業統合等による情報資産の共有、クラ
ウド化の進展などから、今後、規模は縮小する見込みであり、ベンダ
ー企業は、ユーザ企業が提示する仕様に合わせたシステム開発の受託
者から、新しいビジネスモデルを顧客と一緒に考えるパートナーへの
転換が求められている。

　そのためには、ユーザ企業自身が、技術的負債（レガシーシステムの
運用保守費）を解消しつつ、クラウドや共通プラットフォームの活用
により投資を効率化し、新たなデジタル技術の活用によりビジネス上
投資効果の高い分野に資金をシフトするとともに、あらゆる事業部門
でデジタル技術を活用し、事業のデジタル化を実現できる人材を育成

するといった DX を遂げなければならないのである。

　このレポートを背景にして、企業のデジタル面での経営改革、社会全体でのデータ連携・共有の基盤づくり、安全性の確保を図るために、2019 年 11 月に、いわゆる DX 法と呼ばれる「情報処理の促進に関する法律の一部を改正する法律」（令元法 67）が成立した（2020 年 5 月 15 日施行）。企業のデジタル面での経営改革に関する主な内容は、①国がデジタル化の指標（デジタルガバナンス・コード）を策定し、取り組みを認定する、②企業組織を越えてデータ連携するための共通の技術仕様を設計するため専門人材の集約・育成を行う機能を独立行政法人情報処理推進機構（IPA）に与える、③クラウドサービスを利用した政府調達の実施に際し、クラウドサービスの安全性評価を行う機能を IPA に与える、というものである。①の認定制度の目的は、「攻めの IT 投資」に積極的な企業に認定の取得を競い合わせることで、資金・人材の集中を促進することにあり、一部大企業への集中が進行し、経済格差が拡大するおそれがあると指摘されている[4]。

　さて、コロナ禍のもと、DX 法の施行時期に合わせるように、経団連は、2020 年 5 月に提言「Digital Transformation（DX）―価値の協創で未来をひらく」（2020 年 5 月 19 日）を公にした。この提言で経団連は、DX を「デジタル技術とデータの活用が進むことによって、社会・産業・生活のあり方が根本から革命的に変わること」、また、「その革新に向けて産業・組織・個人が大転換を図ること」と定義し、「社会現象としての DX と企業の変革戦略としての DX の両方の意で用いる」と DX に両義性があることを強調している。そして、「社会の根本的な変化に対して、時に既成概念の破壊を伴いながら新たな価値を創出するための改革を DX と呼ぶこととしたい」としつつも、「DX はあくまで手段であり、それ自体が目的化してはいけない。企業の経営ビジョンを実現するためにどのように DX を活用するかという視点が重要であ

4　中平、前掲注（2）56〜57 頁参照。

る」（同 7〜8 頁）として、DX が社会と企業経営の両方に実現されなければならないとしている。

　もともと経団連は、2018 年 11 月 13 日に公表した提言「Society 5.0 ―ともに創造する未来」において Society 5.0 を「創造社会であり、『デジタル革新と多様な人々の想像・創造力の融合によって、社会の課題を解決し、価値を創造する社会』」（同 10 頁）であると定義し、当時は DX に「デジタル革新」という訳語を当てていた。そこでいうデジタル革新とは「デジタル技術とデータの活用が進むことによって、個人の生活や行政、産業構造、雇用などを含めて社会のあり方が大きく変わること」を意味するとされていた。

　両者を比較すると、2018 年の提言では Society 5.0 が前面に掲げられ、DX がどちらかといえば従であったのに対し、2020 年の提言では DX そのものが前面に掲げられているといった差異が見られるとともに、2020 年の提言では「企業の変革戦略としての DX」が強調されているところに特徴がある。

　Society 5.0 は、もともと、前出の第 5 期科学技術基本計画の策定に向けて、経団連が「超スマート社会」を提言したことに端を発し（「第 5 期科学技術基本計画の策定に向けた緊急提言」〔2015 年 6 月 20 日〕）、「超スマート社会」が同計画において Society 5.0 となって盛り込まれた後、経団連は、Society 5.0 に公益性があることを明らかにするために、2018 年の提言において「超スマート社会」を「創造社会」に定義をし直したとの説明がされている。[5]

　そうすると、Society 5.0 が各種文書において日本政府や日本社会に広く受容され、かつ、テレワーク、オンライン授業など社会全体の DX が当然となったコロナ禍のもとで、この提言は、まさに DX 法の施行

5　岡田知弘『公共サービスの産業化と地方自治』（自治体研究社、2019 年）39〜45 頁参照。白藤博行教授は、経団連がこの間のデジタル化政策の「司令塔」であると指摘する。白藤博行・自治体問題研究所編『デジタル化でどうなる暮らしと地方自治』（自治体研究社、2020 年）17 頁〔白藤博行〕参照。

時期を選んで、企業の DX それ自体にも公益性があることを示したものといってよいであろう。

⑷ 社会全体の DX と日本資本主義

それにしても、企業の DX が、なぜ社会全体の DX を必要とするのだろうか。

経済学者の諸富徹教授は、著書の『資本主義の新しい形』（岩波書店、2019、〔以下「諸富」〕）において「デジタル化」に象徴される資本主義の構造変化を「資本主義の新しい形」だと分析している。諸富教授は、日本企業の産業競争力の低下の原因を、現代資本主義における価値創出の真の源泉を認識することなく、高度経済成長期以来の「ものづくり」に励み続けていたことにあり、これに対して、成功しているアメリカの企業は、「非物質的な要素」が現代資本主義における競争優位の源泉であることを理解し、「非物質的」投資を怠らなかったところにあるとする（諸富・6〜7頁）。

そして、諸富教授は、アメリカの企業にみるように、「物的なもの」が「非物質的なもの」によって新たな価値を与えられ、資本主義が新しい発展段階へ進化を遂げる、こうした移行現象を「資本主義の『非物質主義的転回』」と呼んでいる（諸富・43頁）。

諸富教授が指摘する「資本主義の『非物質主義的転回』」こそが、経団連が推進する DX の本質といってよいであろう。支配的な生産様式が「非物質主義的転回」を遂げようとするとき、その生産様式に規定された社会構成体もまた「非物質主義的転回」を余儀なくされる。

しかし、資本主義の「非物質主義的転回」はあくまでも企業における収益構造の変化であり、資本主義における「商品生産の所有法則の資本主義的領有法則の転回」そのものを変えるものではなく、蓄積形態の変容と認識すべきである。労働対象が物質から非物質に転移し、労働者のスキルのリカレントが強制され、労働時間の定量化を困難とす

る資本主義の変容であり、人間の物質代謝の場である生活から生み出
される個人のデータすらも無償の労働対象とする生産様式ととらえな
ければならないであろう。

3　答申にみる地方行政のデジタル化―自治体 DX

(1)　地方行政のデジタル化の 3 つの契機

　話を本章のテーマである第 32 次地制調の答申に戻そう。答申は、前
述のような社会のデジタル化、Society 5.0 に「東京一極集中による人
口の過度の偏在の緩和」、「大規模な自然災害や感染症等のリスクの低
減」の観点から期待を寄せているわけであるが、地方行政のデジタル
化をそのための手段として位置付けているわけでは必ずしもない。結
果としてそうなることが期待されているだけである。地方行政のデジ
タル化は、直接的には、「従来の技術や慣習を前提とした行政体制を変
革し、住民が迅速かつ正確で効率的な行政サービスを享受するために
不可欠な手段」であって、これを通じて「住民、企業等の様々な主体
にとって利便性」を向上させるとともに、「公共私の連携や地方公共団
体の広域連携による知識・情報の共有や課題解決の可能性」を広げる
など、「組織や地域の枠を越えたイノベーション創出の基盤」を構築す
るところにその目的がある（同 5 頁）。

　この叙述から、地方行政のデジタル化には、「デジタル・ガバメント
の実現」、すなわち「国・地方を通じた行政のデジタル化」の一環とし
て遂行されるものである点で、デジタル技術を通じた行政の垂直的連
携・統合の契機と、「組織や地域の枠を越えたイノベーション創出の基
盤」を構築するために遂行されるものである点で、デジタル技術によ
る情報連携を通じた、「公・共・私」の間の、そして、自治体の間の公
共サービスの水平的連携・統合の契機が存在していることを看取する
ことができよう。

　行政の垂直的連携・統合は、自治体の自主性を弱体化し、国への集

権化を促す。自治体間の公共サービスの水平的連携・統合は自治体の領域的自治のハードルを下げ、圏域の形成を促す。公共私間の公共サービスの水平的連携・統合は、自治体の住民に対する責任を分散化し、プラットフォームの形成を促す。

　答申が「今後の取組の方向性」（同7〜9頁）として挙げる5点—①国・地方を通じた行政手続のデジタル化、②地方公共団体の情報システムの標準化、③AI等の活用、④人材面での対応、⑤データの利活用と個人情報保護制度—もまた、上記の行政の垂直的連携・統合と公共サービスの水平的連携・統合の観点から評価する必要があろう。

(2) 行政手続のデジタル化と情報システムの標準化

　答申の①国・地方を通じた行政手続のデジタル化の項目において、「デジタル行政推進法では、地方公共団体についてもオンライン化の努力義務を課しており、地方公共団体の行政手続のデジタル化が求められている」（同7頁）との記述がある。たしかに、前述のデジタル行政推進法は、国の行政機関の行政手続のデジタル化[6]を義務付けるものであって、地方公共団体における条例・規則に基づく行政手続のデジタル化は努力義務にとどまる（デジタル法13条1項）。しかし、地方公共団体の事務にはその処理が法律で義務付けられている法定事務が多いから、当該事務に関する法令を所管する府省庁が主務省令において、たとえば申請等をオンライン化すると定める場合には、地方公共団体

6　デジタル行政推進法は、デジタル・ガバメント推進方針で示された、いわゆる「デジタル三原則」を2条1号から3号までにおいて条文化している。デジタル三原則とは、①デジタルファースト原則（「原則として、個々の手続・サービスが一貫してデジタルで完結する」）、②ワンスオンリー原則（「一度提出した情報は、二度提出することを不要とする」）および③コネクテッド・ワンストップ原則（「民間サービスを含め、複数の手続・サービスがどこからでも／一ヵ所で実現する」）から構成されている。①はデジタル技術の活用を原則とするものであり、②と③の基盤であり、②は行政機関間における情報共有に関する原則であり、③は特定の手続分野（例：引越し、死亡、相続等）を想定しつつ、当該分野におけるワンストップ化の原則を定めるものである。内閣官房情報通信技術（IT）総合戦略室デジタル・ガバメント担当編『逐条解説　デジタル手続法』（ぎょうせい、2020年）35〜36頁参照。

はそれに準じた情報システムの整備を求められることになる。もちろん、この整備も努力義務とはされているが（デジタル法５条４項）、国からすれば、整備の必要性の程度は高い（デジタル法５条５項参照）。

　そこで、答申も、②地方公共団体の情報システムの標準化の項目において、「（住民基本台帳、税務等の分野における）基幹系システムについては、個々の地方公共団体でのカスタマイズや共同利用に関する団体間の調整を原則不要とするとともに、ベンダロックインを防ぎ、事業者間のシステム更改を円滑にするため、システムの機能要件やシステムに関係する様式等について、法令に根拠を持つ標準を設け、各事業者は当該標準に則ったシステムを開発して全国的に利用可能な形で提供することとし、地方公共団体は原則としてこれらの標準準拠システムのいずれかを利用することとすべきである」と提案している。そして、地方公共団体がその標準によらない場合には、「合理的な理由がある範囲内で、説明責任を果た（す）」ことが必要だとも付け加えている（同８頁）。

　地方公共団体は、これまで法定事務の処理について、地域の事情や住民の要望に応えるために法律事項以外の事項も加えていたし、業務プロセスもまた住民に効果的で効率的にサービスを提供するために構築されたものもある。国が定める標準仕様において、カスタマイズを許さず、処理できる事項が仕様上の事項に限定されたり、業務プロセスが統一化されたりする場合には、地方公共団体の創意工夫を阻害することになるであろう。[7] この提案から、国がシステムの仕様の標準を定め、それに地方公共団体を従わせるという行政の垂直的統合の契機を見出すことは容易であろう。システムの標準化とそこからの地方公共団体の逸脱の監視は、設置が計画されているデジタル庁（仮称）に

7　白藤博行・自治体問題研究所編・前掲注（5）63頁〔吉川貴夫〕参照。システム改修を要することから自治体クラウドの自治体間の共同運営が参加自治体の独自施策の障害となった件について、第 198 回国会衆議院内閣委員会会議録第 15 号（2019 年 4 月 26 日）36 頁〔塩川鉄也委員質問〕参照。

課せられた任務の一つでもある。[8]

(3) AI等の共同利用とICT人材の広域的な確保、そして
マイナンバーカードの活用

システムの標準化は、前述のとおり、まずは基幹系システムについて強力に推進されると思われる。もっとも、基幹系システム以外にも、地方公共団体は公共サービスを提供し、その事務を処理するためにオンライン・システムを利用している。これ自体の運用・保守やシステムの更新にも費用がかかる。答申では、「地方公共団体が創意工夫を発揮することが期待され、標準化等の必要性がそれほど高くない事務については、奨励的な手法を採ることが考えられる」（同6頁）にとどめられ、「今後の取組の方向性」では取り上げられてもいない。

また、Society 5.0の実現において重要な役割を果たすAIや業務の効率化を促し職員の業務量を減少させるものと期待されるRPA（ソフトウエア上のロボット〔bots〕によるパソコン操作の自動化）についても、「国としては、自主的な共同利用への人的・財政的支援によってAI等の技術の開発を促進しつつ、幅広く活用すべき技術については全国的な利用を促進すること」や「RPA…のように、共通性が高い業務を中心に、業務効率化に資することが実証されているものについては、業務プロセスを標準化した上で、共同利用を進めること」が「考えられる」（答申9頁）とされるだけで、「第2　地方行政のデジタル化」では「方針」として具体的なものが提案されているとはいいがたい。

AIやRPAの運用に必要なICT人材についても、「広域的な確保…が可能となるよう支援していくことが考えられる」（同9頁）とされるにとどめられている。

8　閣議決定「デジタル社会の実現に向けた改革の基本方針（令和2年12月25日）」（「デジタル庁は、総務省と連携して、地方公共団体の情報システムの標準化・共通化に関する企画と総合調整を行い、政府全体の方針の策定と推進を担うほか、補助金の交付されるシステムについて統括・監理を行う。」）参照

　しかし、「第 4　地方公共団体の広域連携」では、「広域連携の課題と対応の方向性」の一つとして、ICT 人材に関して、「外部人材を共同活用することなどが有用である」とか、「一連の事務処理過程のうち専門人材によることが必要な部分に係る事務の代替執行、専門人材を配置した内部組織の共同設置等の取組も行われている」（同 15 頁）といったように、かなり具体的な提案がされている。

　ICT 人材の確保という組織的要請には、地方公共団体間の水平的連携・統合の契機があるとみてよい。

　AI や RPA の活用や共同利用は、業務のプロセスの標準化を前提としているから、法定事務以外の事務処理についても地方公共団体間のシステムの標準化を促すものとなるであろう。もっとも、業務の効率化という内在的な要請だけで、個々の地方公共団体が、ICT 人材の確保が新たに必要とされる AI や RPA の活用に踏み切るとは考えがたい。

　地方公共団体を AI や RPA の活用に転轍させ、その共同利用やシステムの標準化に足を踏み出させる外在的な要請もまた存在する。その一つが、マイナンバーとマイナンバーカードの利用の拡大である。

　答申では、前述の①国・地方を通じた行政手続のデジタル化の項目において、マイナンバーの「地方公共団体が条例で定める事務」での利用や、オンライン手続の本人確認の手段として「マイナンバーカードの IC チップに搭載された公的個人認証の電子証明書」の利用が推奨されている（同 7 頁）。

　骨太方針 2020 では「国が整備したマイナポータル・ぴったりサービスを原則として全ての市町村が活用してオンライン化を進めることができるよう導入を早急に促進するとともに、さらに地方自治体の AI・RPA 活用の好事例を国が横展開する」（同 9 頁）とし、地方公共団体に、マイナンバー・マイナンバーカードを利用するサービスとして開設された個人用サイト、マイナポータルの活用を求めている。

　マイナンバーの条例事務への紐付けやマイナンバーカードの公的個

人認証としての活用は、さらにはマイナポータルへの接続は、新たな
オンライン・システムの構築を必要とする。国が推進しているマイナ
ンバーおよびマイナンバーカードの利用促進・利用範囲の拡大は、地
方公共団体に、法定事務以外の事務についてもシステムの共同利用や
システムの標準化を求めさせることになろう。

(4)　公共私の連携と個人情報保護制度

　「第3　公共私の連携」のもとでは、「住民、企業等による地域の課
題解決への参画を容易にし、さらには、公共私の連携による新たなサ
ービスの共創にもつながる」（答申・11頁）ものであるの評価に照らせ
ば、「地方行政のデジタル化」は、「公共私の連携」で要とされている、
「多様な主体の連携・協働」による「住民のニーズに応えるサービスの
提供や地域の課題解決のために必要な取組を進められる」「プラットフ
ォーム」の構築にとって必要不可欠な手段といえよう。

　ところで、「第2　地方行政のデジタル化」の「今後の取組の方向
性」では「公共私の連携」への直接の言及はないが、「データの利活用
と個人情報保護制度」において、「知識・情報の共有による課題解決の
可能性を広げ、効果的・効率的にサービスを提供するためには、地方
公共団体が全て自前で行うよりも、組織や地域の枠を越え、官民が協
力して、相互のデータの利活用や、アプリケーション開発等の取組を
進めることが重要で」あって、「そのためには、公共データのオープン
化等によるデータ利活用環境の充実も求められる」（答申・9頁）とい
った指摘がされている。すなわち、「地域の課題解決」と「新たなサー
ビスの共創」には、組織の枠を越えた、「相互のデータの利活用」、と
くに「公共データのオープン化」がいっそう求められているのである。

　「相互のデータの利活用」、「公共データのオープン化」について、答
申では、「官民や地域の枠を越えた社会全体のデジタル化を進めるに当
たり、データ利活用の円滑化を図る観点から、国際的な制度調和の動

向も踏まえ、官民を通じた個人情報保護制度のあり方に関する議論が行われている」ことに照らして、「地方公共団体における個人情報保護に関する規律や国・地方の役割分担のあり方を検討するに当たっては、地方公共団体の意見を聞きつつ、データ利活用の円滑化に資する方策について積極的に議論が進められることが期待される」（同 9 頁）といった指摘がされている。第 32 次地制調が結論を示さなかったのは、すでに、「官民を通じた個人情報保護制度のあり方に関する議論が行われている」からであろう。

　それでは「議論が行われている」ところでは、どのような方向性が示されているのであろうか。款をあらためてその議論を紹介することとしたいが、その前に「相互のデータの利活用」、「公共データのオープン化」が具体的に何を目的としているかについて指摘しておこう。

　急激な人口減少期にある日本社会において、「若者を吸収しながら老いていく東京圏と支え手を失う地方圏」、「都市のスポンジ化と朽ち果てるインフラ」（2040 構想研究会第 1 次報告〔2018〕）といった「地域の課題解決」をするためには「新しい価値の共創」が必要であるかもしれない。しかし、それに乗じて新たな資本の集積と蓄積を行おうとするのが、経済界でいうところの「社会全体の DX」である。その意図があからさまな地域再編の手法が、コロナ禍のどさくさに紛れて 2020 年 6 月に「国家戦略特別区域法の一部を改正する法律」（令 2 法 6）によって導入が決まった「スーパーシティ構想」である。

　スーパーシティ構想は、内閣府の紹介サイト（https://www.kantei.go.jp/jp/singi/tiiki/kokusentoc/supercity/openlabo/supercitykaisetsu.html）によれば、世界各国で進行している AI やビッグデータを活用して社会のあり方を根本から変えるような都市設計を目指す動きに遅れつつある日本が、その遅れを取り戻し、さらに世界に先行して、決済の完全キャッシュレス化、行政手続のワンスオンリー化、遠隔教育や遠隔医療、自動走行の域内フル活用など、2030 年頃の「未来都市」を「ま

るごと」実現しようとするものである。

　スーパーシティ構想の核となるのが、「データ連携基盤整備事業」と呼ばれるもので、その言葉通り、スーパーシティとなる地方公共団体がもつ行政・住民データと住民にサービス事業を行う企業が保有する個人情報を含むデータを、API（Application Programming Interface）技術を用いて連携させることで、住民が医療、交通、金融などの各種サービスの提供を受ける際に、その利用に必要とされる手続を一括して済ますことができるようにする仕組みである。まさに「相互のデータの利活用」、「公共データのオープン化」が求められているのである。

　第32次地制調の審議の脈絡に照らせば、Society 5.0を実現するスーパーシティは、たしかに、「地域の課題解決」を目指すものともいえる。しかし、スーパーシティは、「資本主義の非物質主義的転回」に特化した都市であり、そこで生み出される「新しい価値」とは、世界に発信できる価値、すなわち輸出できるICT技術を意味する。このような技術を開発する実験場を作るためには大胆な規制緩和が必要とされる。そこで、「地域課題の解決」の名のもとに当該区域の同意を調達し、国家戦略特別区域の指定を受けることで、実験を行いやすくするために地域限定の特別な規制緩和の措置、すなわち「地域限定型の規制のサンドボックス」を設けることができるようにされている。スーパーシティ構想が国家戦略特別区域の一つに組み入れられた理由である。スーパーシティの住民は、実験場の被験者として、スマホ等にインストールされたアプリを通じて「自覚的」に、あるいは、IoTを通じて無自覚的に自己の情報を提供することで、スーパーシティ事業に参画し

9　規制のサンドボックス制度とは、一時的に規制の適用を停止するなど、新たなビジネスの実験場の仕組みとしてイギリスなどで始められた「規制の砂場（Regulatory Sandbox）」をいい、特区においても、これを参考にして、監視・評価などの事後チェックルールを整備し、近未来技術実証に関する事前規制・手続を見直すことで、迅速・円滑に実証実験を実現する仕組を設けることができるとされている。内閣府地方創生推進事務局「国家戦略特区地域限定型規制のサンドボックス制度説明資料」3頁（http://kanteigo.jp/jp/singi/tiiki/kokusentoc/pdf/202010_sandbox00.pdf）参照。

た企業の ICT 技術の開発に寄与するのである[10]。

(5) 個人情報保護制度の一元化

　データ連携のために「相互のデータの利活用」や「公共データのオープン化」を進めていくと、問題となるのが、個人情報保護である。

　第 32 次地制調とは別に、2015 年の改正個人情報保護法の附則 12 条 6 項（「政府は…個人情報及び行政機関等保有個人情報の保護に関する規定を集約し、一体的に規定することを含め、個人情報の保護に関する法制の在り方について検討する。」）に基づいて、「個人情報保護制度の見直しに関するタスクフォース」が 2019 年 12 月に内閣官房に設けられていた。タスクフォースは、個人情報保護法、行政機関個人情報保護法（以下「行個法」）、独立行政法人等個人情報保護法の 3 法を統合して 1 本の法律とするための検討作業と併せて、新しい個人情報法制との整合性の確保の観点から地方公共団体の個人情報保護制度のあり方に関しても検討を進めていたところ、そのもとに置かれた「個人情報保護の見直しに関する検討会」の調査審議を経て、2020 年 12 月に最終報告（「個人情報保護制度の見直しに関する最終報告」）を取りまとめた。

　ところで、地方公共団体によっては、要配慮個人情報の取得やオンライン結合を原則禁止し、一定の要件を満たした場合に禁止を解除する、解除する場合には個人情報保護審議会等への諮問を要するとするなど、行個法とは異なる取扱いを規定する個人情報保護条例が定められている。また、保有個人情報の目的外利用・提供制限について、行個法より具体的に要件を規定する例もみられる。最終報告では、こうした不揃いを解消するために、行個法 3 条（個人情報保有の制限）、6 条

10　中山徹教授は、スーパーシティでは生活そのものが収奪の対象となると指摘する。中山徹「産業構造の転換と新たな都市戦略『スーパーシティ』構想とその問題点」経済 291 号（2019 年）45 頁参照。また、内田聖子氏は、スーパーシティ構想では住民自治や民主主義に基づく決定や運営の保証がされていないと批判する。内田聖子「スーパーシティ構想と国家戦略特区」世界 933 号（2020 年）227 頁参照。

（安全性の確保）、8条（利用および提供の制限）に相当する規定を地方公共団体に直接に適用しようとする考えが示されている（同36〜37頁）。

　また、最終報告では、多くの地方公共団体に非識別加工情報の提供の制度が設けられていないことが問題視され、共通ルールとして地方公共団体にも国と同じ規律を適用し、提案募集の実施を義務付けようとする考えも示されている（同39頁）。

　整合性の確保は、保護のレベルアップというよりも、地方公共団体ごとの個人情報保護条例の規定・運用の相違がデータ流通の支障とされている、いわゆる「2000個」問題を解決しようとする狙いの方に重点があるといってよいであろう。

　もちろん、最終報告では、「共通ルールよりも保護の水準を高めるような規定を条例で定めることは、必ずしも否定されるものではない」とされている（同40頁）。保有個人情報の目的外利用制限・提供制限やオンライン結合の制限を一律に緩和する、あるいは、審議会等への諮問といった仕組みの廃止を求めるものではない。しかし、「地方公共団体が条例で独自の保護措置を規定できるのは特にそのような措置を講ずる必要がある場合に限ること」を前提として、「法制化後は、法律による共通ルールについて国がガイドライン等を示（す）」（同40頁）といった仕組みと、「地方公共団体がそのような条例を定めたときは、その旨及びその内容を個人情報保護委員会に届け出ることと」し、「これを受けて、個人情報保護委員会は、必要に応じ、助言等の適切な監視を行う」（同41頁）といった新たな行政的関与の仕組みとが結びつくとき、たんなる技術的助言にとどまらないものとなろう。

　現在、個人情報の目的外利用等については、各自治体に設置されている個人情報保護に関する審議会等で審議されるという手続を踏んで、目的外利用や外部提供が行われる。審議会等には住民の代表も参加しているので、個人情報保護行政への住民参加の機会ともなっている。国のガイドラインにそった運用となると、審議会等への諮問の範囲が

限られることになるであろうし、最終報告ではそこが狙われていると
いってよい。

このたびの見直しは、社会全体の DX に対応した「個人情報保護」
と「データ流通」の両立の要請と、独立した機関による監督等を求め
る EU における GDPR（一般データ保護規則）が定める十分性認定など
国際的な制度調和の要請に基づくものと説明されている（最終報告 32
〜33 頁）。しかし、保護の上乗せ・横出しが流通の制限となるからこれ
を抑制する趣旨だとすれば、見直しは、自己情報コントロール権を重
視した GDPR との調和を唱えつつ、その逆の方向を示しているように
思われる。[11]

4　自治体 DX と地方自治

(1)　マイナポータルから見た自治体 DX

国・地方を通じて行政のデジタル化、すなわち、自治体 DX を住民
が実感できるのは、先にも触れたマイナポータルであろう。マイナポ
ータルは、マイナンバー法（「行政手続における特定の個人を識別するた
めの番号の利用等に関する法律」〔平 25 法 27〕）の附則 6 条 3 項に定める
「情報提供等記録開示システム」として設けられたもので、同項では情
報提供ネットワークシステムにおいてマイナンバーと紐付けられた個
人情報がやりとりされる履歴を当該個人に開示するための仕組みとし
て想定されているが、同条 4 項では「国民の利便性の向上を図る観点
から」、民間のサービスも含む、個人向けポータルサイトとして運用さ
れている。

内閣府のサイト（https://www.cao.go.jp/bangouseido/myna/index.html）

11　本多滝夫「個人情報保護に対して国の関与は必要か」自治日報 2020 年 11 月 27 日付 1 面参
　　照。稲葉一将教授は、「国の法制度が未整備の現状においては、プロファイリングや自動化処
　　理に対して、地方自治体が地域の実態とそれとのずれを発見した場合には、このことを指摘し、
　　改善を要求すべきであろう」と指摘する。白藤・自治体問題研究所編・前掲注（5）50 頁〔稲
　　葉一将〕参照。

によれば、「マイナポータルは、政府が運営するオンラインサービスです。」と紹介されている。そして、マイナポータルが提供するサービスとしてつぎのものを挙げている。

1 民間送達サービスとの連携　行政機関や民間企業等からのお知らせなどを民間の送達サービスを活用して受け取ることができます。
2 公金決済サービス　マイナポータルのお知らせからネットバンキング（ペイジー）やクレジットカードでの公金決済が可能となります。
3 自己情報表示（あなたの情報）　行政機関等が保有するあなたの個人情報を検索して確認することができます。
4 お知らせ　行政機関等から配信されるお知らせを受信することができます。
5 よくある質問／問い合わせ登録　操作方法に関するFAQを確認したり、問い合わせができます。
6 サービス検索・電子申請機能（ぴったりサービス）　子育てに関するサービスの検索やオンライン申請（子育てワンストップサービス）ができます。
7 情報提供等記録表示（やりとり履歴）　あなたの個人情報を、行政機関同士がやりとりした履歴を確認することができます。
8 もっとつながる（外部サイト）　外部サイトを登録することで、マイナポータルから外部サイトへのログインが可能になります。
9 代理人　本人に代わって代理人がマイナポータルを利用できます。
10 マイナンバーカードのパスワード変更　マイナンバーカードのパスワードのうち、利用者証明用電子証明書、署名用電子証明書、券面事項入力補助用の3種類について変更することができます。

　さらに、マイナポータルの「自己情報表示」機能を応用して、「自己情報取得API」として、国民が自己情報の確認のみならず、提供まで行えるよう機能を拡充し、当該機能をシステム間連携によりWebサービス提供者が利用できるようにするサービスも提供され始めている。そのサービスの利用例としては、銀行等の民間事業者が、ローン等の

審査の際に必要な所得情報をオンラインで即時に取得することで、ローンの審査をスムーズに進める、といったものが想定されている。

このようにマイナポータルには、住民が日常生活に必要な情報、とくに、受けるために行政機関や民間事業者に申請、届出などをしなければならないサービスに関する情報が集約されて表示され、住民は、サービスを受けるために、申請、届出等をオンラインで処理すればよい。個々の住民の目から見れば、便利であるようにみえる。

しかし、マイナポータルにアップされているサービスの情報が、住民に必要なサービスを網羅しているという保証はどこにもない。アップされていないサービスは自分の居住している自治体は提供していないと誤信されるかもしれない。また、行政機関から配信される、プッシュ型の「お知らせ」は、マイナンバーで紐付けられたデータをプロファイリングした結果に基づいたものであるかもしれない。[12]

個々の住民にとっては、マイナポータル上では、国、自治体、民間事業者はすべてサービス提供者として並列的に扱われ、かつ、没個性的な入力画面の顔でしか登場しない。住民が自治体の存在を感じとることは困難になるであろう。

自治体にとってもマイナポータルは便利である。オンラインで済ますことが可能なサービスをマイナポータルに回すことで、オンライン手続に馴染んでいる住民にはそちらを利用してもらい、窓口業務を軽減することができる。そのようなオンライン処理も可能とするためには、事務処理の標準化が必要であるところ、標準化が進めば、自治体ごとにオンライン・システムを構築することなく、クラウド上に処理用のソフトウエア（Software as a Service）を展開し、自治体間での共同利用が一般的になる。また、標準化はマイナポータルとの連携を前提としているので、国が定めた標準仕様に則ってシステムは構築され

12　山本達彦教授は、マイナポータルにおけるプロファイリングの危険性を指摘する。山本達彦『おそろしいビッグデータ　AI 社会の処方箋』（朝日新聞出版社、2017 年）124〜128 頁。

ることになる。

マイナポータルや前節までの説明も踏まえれば、自治体 DX につい
ては、つぎのような懸念がある。[13]

①　窓口業務のオンライン化が、利用サービスの提供を限定したり、
自治体における住民のさまざまなニーズの把握を妨げたりするように
運用される場合には、住民に対する自治体の応答責任が失われていく。

②　オンライン・システムの標準化と自治体に対する法的強制は、国
のオンライン・システムへの垂直的連携と自治体間の水平的な連携を
促し、自治体行政において地域的な特性が反映されなくなるおそれが
ある。

③　国、自治体、民間事業者等の間でのデータの水平的連携は、プ
ラットフォーム上で提供されているサービスであれば、民間事業者の
サービスに「公共サービス」の偽装が施され、公共私の間のサービス
の境界は曖昧化し、住民に対する自治体の責任が形骸化するおそれが
ある。

④　公共私の間でのデータの水平的連携は、自治体の保有する個人
情報のオープンデータ化を前提とするものであって、それを促進する
ための個人情報保護制度の一元化は、自治体の立場を個人情報の守護
者から個人情報の提供者に変えてしまう。

13　本文に掲げたもののほかに自治体のデジタル化の問題点として、自治体のデジタル市場化、
　アウトソーシングの一層の進行、公務員の削減、個人情報の警察への提供などが指摘されてい
　る。中山徹「自治体のデジタル化は自治体をどう変質させるか」住民と自治 689 号（2020 年）
　31 頁、久保貴裕「第 32 次地方制度調査会答申を読み解く　第 1 回地方行政のデジタル化」住民
　と自治 689 号（2020 年）32〜35 頁参照。また、国家や企業による国民監視・誘導の危険性を高
　めることもまた、政府のデジタル戦略のもとでの「国・地方を通じた行政のデジタル化」がも
　たらす帰結として指摘されてよい。大門実紀史「菅政権のデジタル戦略と『超監視社会』－国
　家による監視と資本による監視が結びつくとき」経済 303 号（2020 年）16 頁以下参照。とくに、
　地方行政のデジタル化の梃とされているマイナンバーやマイナンバーカードの活用は、様々な
　個人情報の紐付けを通じてプロファイリングによる住民の選別、誘導、制限、排除、優遇につ
　ながる危惧はぬぐい切れない。マイナポータル自身がプロファイリングとして機能するおそれ
　も否定できない。黒田充『あれからどうなった？　マイナンバーとマイナンバーカード　待ち
　受けるのはプロファイリングと選別』（2020 年）参照。

⑤　自治体 DX の進行は、住民のサービス利用者としての意識を強めることになるが、住民自治の主体としての意識を逆に弱めることになる。

(2)　自治体 DX の自治的転回

　自治体 DX には、前述のとおり、住民の権利保護の観点からみても、団体自治の観点からみても、そして住民自治の観点からみても、多くの懸念材料がある。とはいえ、自治体行政のデジタル化・オンライン化によって住民の利便性を向上する側面もあることに照らせば、これを一概に否定するわけにはいかない。したがって、自治体 DX の「自治的転回」の方向性を探る必要がある。試論の域を出ないが、さしあたりの考えはつぎのとおりである。

　当該自治体における申請・届出を必要とするサービスについては、オンライン処理の能否にかかわらず、マイナポータルの各自治体のサービス一覧にすべて表示されるようにすべきではないか。

　オンライン申請・届出ができない住民には、オンラインに習熟する方に誘導するばかりではなく、対面窓口において職員が事情を聴きながらオンライン申請を支援または代行したり、オンライン・カンファレンスで関係する部署が協議を行い、窓口となった部署が他の部署のものも含めて各種のサービスを提案したりしてはどうか。オンライン化を対面窓口の削減ではなく、対面窓口の高機能化につなげるべきであろう。

　基幹系システムの標準化と共同化はユーザとベンダーとの関係の再編が進むなかでは避けられないかもしれないが、個々の自治体が独自の措置を行う際に特段の改修を要しないようにするために、具体的にシステムの要件定義を行う際にパラメータ設定に余裕をもたせる設計となるようにしてはどうか。地域の特性に応じて自治体がカスタマイ

ズを必要とする場合には、デジタル庁は、それを制限するのではなく、地方自治の保障の観点から改修費を補助すべきではないか。「デジタル社会に実現に向けた改革の基本方針」（2020年12月5日）で示された「地方公共団体が、全国的に統一して整備される基盤を活用して、地域の実情に応じた施策が行われることを可能とするような環境を国が整備することを旨とする。」（同11頁）といった方針の意義が問われることになろう。

　マイナポータルでは情報提供等記録表示機能で自分の個人情報の行政機関間のやり取りの履歴が分かるようになっている。しかし、オープンデータとして利用された場合にはその履歴は分からない設計となっている。匿名加工情報となっても、当該情報はもともと当該個人に帰属していたものであるから、自治体においては、自己情報コントロール権の行使として、自己に由来する情報が何に使われているかは知ることができるようにすべきで、好ましくないときには本人が利用停止できる仕組みを導入してはどうか。

　自治体のデジタル化ないしDXは、住民が自らの権利の自治的な実現を可能とするためのものでなければならない。これまでのアナログ的な行政スタイルでは実現が難しかったことを住民の発意と自治体職員の工夫によるデジタル化で容易なものとすることを目標とすべきである。自治体DXは、地方自治をデジタル化でより豊かにするという趣旨で「地方自治デジタル＋（プラス）」であるべきであって、自治をデジタルの世界に溶解させるものであってはならない。

第Ⅱ部

「公共私の連携」論を読む

第 4 章

住民生活の実態と「公共私の連携」

浜岡政好

はじめに

　第 32 次地方制度調査会答申において「2040 年頃にかけて顕在化する変化・課題」には、現在の社会システムでは対応できないとしたうえで、地方公共団体のあり方を「変化やリスクに適応したものへと転換していく必要がある」としている。そしてその対応として、①「地方行政のデジタル化」、②「公共私の連携と地方公共団体の広域連携」、③「地方議会への多様な住民の参画」の三つをあげている。本稿では主に二つ目に挙げられている「公共私の連携」の部分を取り上げ、このことが基礎的自治体である市町村行政に対して何をもたらすことになるのか、またその結果、そこで暮らす住民生活にどのような状況を招来することになるのかを検討することにする。

1　地制調答申における「公共私の連携」の構図

⑴　「公共私の連携」とは具体的に何を指すか

　ところで最終答申の「公共私の連携」というキーワードは、中間報告（2019 年 7 月）においては「組織の枠を越えた連携」と表現され、また諮問の前提となった「自治体戦略 2040 構想研究会報告」では「公・共・私のベストミックス」となっている。このように表現の仕方は微妙に変化しているが、これら諸報告を通じての政策意図は一貫しており、これまでの自治体の「公」のあり方を抜本的に転換させようとするものである。そこで、まず「公共私の連携」が答申でどのように説

明されているかを見てみよう。

　「公共私の連携」は「多様な主体の参画による持続可能な地域社会の形成」と関わって、「地域社会においては、行政のほか、コミュニティ組織、NPO、企業等、多様な主体によって、住民が快適で安心な暮らしを営んでいくために必要なサービス提供や課題解決がなされているが、今後は、これまで、主として家庭や市場、行政が担ってきた様々な機能について、これらの主体が、組織の枠を越えて、サービス提供や課題解決の担い手としてより一層関わっていくことが必要である」と記述されている。

　ここでは「公共私」は「多様な主体」と等置されており、具体的には「公」としての行政のほかコミュニティ組織、NPO、企業などが「多様な主体」として例示されている。そしてこの「多様な主体」がこれまで主として「家庭や市場、行政」が担ってきた機能を「組織の枠を越えて」関わっていく必要があるとしている。つまり、これまで「公」＝行政や「私」＝「家庭」、「市場」が担ってきた主体に加えて、新たに「共」＝「コミュニティ組織」、「NPO」が「サービス提供や課題解決の担い手」として関与する必要があるというのである。

　「共」として「コミュニティ組織」、「NPO」が例示されているが、そもそも「公」や「私」と並んで示される「共」とは何であろうか。「共」はもともと共同体の下での相互扶助の意味であるが、近代の資本主義化のなかでその機能は弱体化し、社会化され、「公」＝行政と「私」＝市場に譲ってきた。その「共」が再び注目されるようになったのは新自由主義化が進む1980年代以降である。「公」（行政）から「私」（市場）への移行の過程で、一挙に市場への移行が難しいもの、またはなじみにくいものが過渡的な、補完的な役割を担うものとしての「共」として再認識されたのである。これがサードセクター論であるが、日本では第三セクターは半官半民の株式会社の別名として受け止められ、「公」からも「私」からも自立した独自のセクターとしては評価されな

かった。

　「共」が独自の社会サービスの提供主体として再び認識されるのは1990年代後半のNPOの法制化以降である。伝統的な地縁組織やボランティア団体、協同組合などの事業や活動が、環境問題や災害、福祉への取り組みなどを通じて、民間の非営利組織という文脈で注目を集めることとなった。こうして「共」は行政や市場と区別される独自の領域として、〈社会や共同体〉で行われる相互扶助として再評価されることになり、公・私の分担・連携というこれまでの構図は、公・共・私の三極論に再編された。

　とはいえ、「共」の位置は専ら「公」（行政）、「私」（市場）の補完機能としての役割があてがわれているだけである。2000年以降、「公」（行政）の縮小と「私」（市場）の肥大化が一段と進むなかで、この答申を含めて「共」の役割が強調されるようになっている。それは縮小する「公」ではカバーできず、また、肥大する「私」（市場）でもカバーできない（したくない）問題群が広がってきており、その問題群への対応を「共」に強いる構図がつくられてきているからである。そしてその役割を担う「共」として期待されているのが「コミュニティ組織」と「NPO」というわけである。

　答申の「コミュニティ組織」は、自治会・町内会等の一般的な地縁団体ではなく、地縁性は維持しつつも、地域で必要な「サービス提供や課題解決」の担い手となることのできる特別の「コミュニティ組織」のことである。この特別の「コミュニティ組織」は具体的には事例の紹介などからみて「地域運営組織」のような取り組みが想定されていると思われる。また答申での「共」は上述の地域社会に必要な「サービス提供や課題解決」の担い手であるとともに、「共助」の担い手としても位置づけられている。

　菅首相の拡散によって「自助・共助・公助の国づくり」は図らずも政権の政策のあり方を示すキーワードに浮上したが、ここでの「共

助」は「課題解決」の主体の序列のなかで「自助」に次いで位置づけられている。1990年代後半以降、「自助・共助・公助」は社会保障の抑制のスローガンとして用いられてきたが、2000年以降には社会保障の「商品化」、「市場化」が進み、他方で勤労国民の貧困化が広がるなかで、「自助」（自己責任）で生活課題を解決できない人々が増大した。この文脈でも「共」は、「自助」によって対応できない地域の「課題解決」の担い手として、「公助」の防波堤としての役割が期待されているのである。

(2) 答申は「公共私の連携」の現状をどう認識しているか

既にみたように「公共私の連携」のポイントは「共」・「共助」に置かれていることが分かる。答申では「地域社会を支える主体についての現状と課題」のなかで、都市部では「コミュニティ意識が希薄」で、「地縁による共助の担い手は乏しい」が、「NPO、企業等の多様な主体が存在」しており、これら「多様な主体が地域社会を支える担い手として役割を果たしていくための環境整備が重要である」としている。他方、地方部においては「コミュニティ意識は高く、地縁による共助の支え合い体制の基盤が存在する地域が多い」が、人口減と高齢化への対応として取り組まれている「地域運営組織」なども「担い手の減少により、共助の支え合い体制の基盤が弱体化」しつつあり、人口減と高齢化はさらに続くものと見ている。

このように答申の現状把握においては都市部では「コミュニティ支援を担うNPO、企業等」に期待して、これらが「地域を支える担い手として役割を果たしていくための環境整備」が課題としてあげられている。他方、地方部においては多様な主体は登場せず、期待を寄せている「地域運営組織」などの「コミュニティ組織」も人口減と高齢化で基盤が弱体化しており、活動を継続させる「組織的基盤の強化」が課題にあげられている。つまり、都市部ではこれから「公共私の連

携」に向けて「環境整備」を進めることが課題とされ、他方、地方部では既にある「コミュニティ組織」の強化が課題とされているのである。

　以上が「公共私の連携」の担い手についての現状認識と課題である。都市部でも地方部でも自治会・町内会など「共助」が弱体化していることは認識されているが、それを補って、またはそれに代わって都市部で期待されている「NPO、企業等」はそうした期待に応えられるのであろうか。

　総務省の「今後の都市部におけるコミュニティのあり方に関する研究会報告書」（2014年）においても、自治会・町内会加入率の低下、近所付き合いの希薄化、地域活動の担い手不足など「地域の関係の希薄化」に対応するために、都市部特有の「コミュニティを構成する多様な主体」に着目して、「専門性を活かした活動を行っている団体、地域の企業、福祉施設等の多様な主体が、地域内でネットワークを有する自治会・町内会とうまく連携することで相乗的な効果を挙げることが期待でき、活発な地域活動を持続できる可能性がある」としている。ここでの問題意識は必ずしも「公共私の連携」ではなく、あくまで自治会・町内会の側からの「共」と「私」の連携の可能性である。

　とはいえ、例示されている「地元の企業」がどのように自治会・町内会とうまく連携することができるかについての具体的な示唆はない。逆に「これまで地域活動を担ってきた自営業者等が減少したのに対して、代わりに入ってきた外部の企業やチェーンストアなどは、地域に根付かず、地域活動への協力が得にくい傾向があり、寄付金などの協力は景気の影響を受け不安定な傾向にある」などと「地元の企業」との連携の困難ないし不安定さが分析されている。いずれにせよ都市部にあるとする多様な主体がそのまま「地域社会を支える担い手」になるわけではない。「可能性」を現実化するには「環境整備」が必要だということになるが、果たしてそのような妙手があるのであろうか。

2 国は「公共私の連携」で何を実現しようとしているか

　答申は以上のように地域の主体の状況を押さえたうえで、二つの処
方箋を書いている。一つは「公共私の連携・協働の基盤構築」、二つ
は「共助の担い手の活動基盤の強化」である。前者は新たにつくるも
のであり、後者は既にあるものの強化であるが、いずれも政策遂行の
主語は市町村または地方公共団体である。とはいえ、答申の宛先から
すれば、真の主語は市町村や地方公共団体に「基盤構築」や「基盤の
強化」を期待している国ということになる。国はこうした「公共私の
連携」によって、どのような地方自治または住民生活を実現しようと
しているのであろうか。

(1) 公共私の連携・協働で創る「プラットフォーム」で
　　公共サービスを担えるのか

　まず一つ目の「公共私の連携」の基盤であるが、ここでは「公共私
の連携」のキーワードに「協働」が付け加えられていることに注視し
ておこう。そしてこの基盤構築としては「連携・協働のプラットフォ
ームの構築」と「民間人材と地方公務員の交流環境の整備」の二つが
取り上げられている。ここで用いられている「プラットフォーム」に
ついては、特に定義はされていないがIT用語の「ソフトウェアを動か
すための土台、基盤」（OS）のようなものが想定されていると思われる。
答申では「市町村は、行政サービス提供の役割を担うとともに、これ
らの主体をネットワーク化した上で…サービスの提供や地域の課題解
決のために必要な取組を進められるようにすることによって、積極的
にプラットフォームを構築していく役割を担うことが期待される」と
記述されている。
　しかし、このような記述からは政策的意図が分かりにくい。これに
対して今回の諮問の前提になった総務省の「自治体戦略2040構想研究

会　第二次報告」（自治体戦略 2040 構想研究会、2018 年 7 月）では「プラットフォーム・ビルダーへの転換」という形でもっと明確に政策意図を示している。そこでは「人口減少と高齢化により、公共私それぞれの人々のくらしを支える機能が低下する中、自治体は『プラットフォーム・ビルダー』として新しい公共私の協力関係を構築し、住民に不可欠なニーズを満たすことが求められる」としている。また研究会報告は「自治体は、経営資源の制約により、従来の方法や水準で公共サービスを提供することが困難になる」、「住民の生活ニーズのうち、家族や市場、地域社会によってサービスの提供が行われなくなったものを、『公』が直接サービスを提供することは現実的ではない」とも言っている。

　結局、「プラットフォームの構築」は、今後、自治体は公共サービスの提供が困難になり、「共」や「私」も生活サービスの提供が難しくなるが、自治体が作った新たな公共私の「プラットフォーム」が地域のサービスの提供や課題解決の担い手となるということである。自治体は新たな「公」（プラットフォーム・ビルダー）となり、そのプラットフォームの上で、新たな「共」（地域を基盤とした新たな法人等）と新たな「私」（シェアリングエコノミー等）が協力関係を構築するという図柄である。さすがに答申では自治体が直接的なサービス提供者から撤退するかのような「プラットフォーム・ビルダーへの転換」という挑戦的な用語は消えているが、新たな「公」としてのプラットフォームへの意気込みは「積極的」という言葉で受け継がれている。

　そしてそのプラットフォームに「目指す未来像に向けた議論の場」や「公共私の連携による新たなサービスの共創」（新たに創り出す協働）の機能を担わせようとすると、新たな「公」を担うことのできる人材の確保が課題となる。これへの対応が二つ目の「民間人材と地方公務員の交流環境の整備」である。ここでは地方公共団体が「公務以外の職を経験した人材を獲得」することや地方公務員が「公務に就きなが

ら公務以外の経験を得る機会を増やす」ことの重要性が説かれている。この主語が市町村ではなく、地方公共団体となっているのはプラットフォームが首都圏などの広域自治体をも想定しているからである。

　ここでは新たな「公」としてのプラットフォームを行政が担うには既存の人材では難しく、新たに「企業、NPO 等の職を経験した人材」で、しかも「共や私の担い手との連携・協働、地方行政のデジタル化への対応、マーケティングや企画立案等の職」に就ける人材が必要だとしている。また地方公務員にも「公務以外の経験」を積ませて、プラットフォームを担える人材に育成したいという期待も示されている。そのうえで民間と公務との人材交流を容易化するために、「任期付短時間勤務職員」等の多様な任用形態を活用した民間人材の地方公務員としての任用や逆に地方公務員の「営利企業への従事等」を含めた「公務以外との『1 人複役』が可能となる環境整備を進めること」が求められるとしている。

　この兼業をめぐっては、答申の審議過程でも、兼業を認めれば「本来の職を侵犯される可能性」があるとか、「肉体的、精神的な負担が増す」とか、「任意のはずの兼業が公務員としての評価に跳ね返ることのないように」とかという懸念と、「一人複役で、例えば週2日は公務員、それ以外は民間企業といった、より柔軟な人的交流の仕組みによって、弾力的な対応が可能であるとよい」とか、「国の CIO 補佐官のように、半分地方公務員、半分民間人であるというような形で人材を確保する」などの期待との両論が出されていた。

　実際に中途採用によって上記のような役割を担える人材が確保できるかという問題とともに、民間と公務の人材交流のツールとして例示されている「任期付短時間勤務」公務員などは多くの場合公務員削減に伴う人手不足対策として行われているものであり、また「1 人複役」公務員の実態は社会貢献活動の場合でも休日を使って公務の遂行に支障がでないこと、兼務先が非営利であること、報酬も社会通念上相当

であることなどの基準で行われている、公務員のボランティア活動ともいうべきものである。こうした不安定就業の半公務員のような存在と「1人複役」をこなすスーパー公務員の合体が新しい「公」であるプラットフォーム運営の切り札になりうるかは大いに疑問である。

　さらに地方自治体の民営化の流れと「半分の職員数でも担うべき機能が発揮される」「スマート自治体」への動きのなかに、民間と公務の人材交流を置いてみれば、民間営利企業人材による公務職の浸食、結果として公務に責任を持つ主体の一層の縮小を招来させかねない危うさがある。

　⑵　活動基盤の強化策は果たして「共助の担い手」の救世主になれるか

　では二つ目の「共助の担い手の活動基盤の強化」において、地方自治体がどのような強化策を打ち出すことを求めているのであろうか。「共助の担い手」といっても色々あるが、この場合は主として自治会・町内会などの地縁組織が想定されており、①地縁法人制度の再構築と②人材・資金の確保等が具体策として示されている。

　第一の「地縁法人制度の再構築」では、現在、法人格を持っていないコミュニティ組織が事業展開をするためには「最適な組織形態を選択し、活動を発展させていくことが期待される」として、「認可地縁団体制度」を「地域的な共同活動を行うための法人制度として再構築することが適当」であると推奨している。相互扶助活動が主たる活動で事業展開を想定していなかったコミュニティ組織に地域の課題解決のための事業を担わせるには、確かに何らかの法人格がなければ事業継続上不都合が生じることは確かであろう。

　その意味で「簡便な法人制度」として「認可地縁団体制度」が推奨されたと思われるが、この法人形態も「地域的な共同活動を行う」ための法人形態であり、事業展開を想定したものではない。そもそも相互扶助組織であるコミュニティ組織に、市場が撤退した後の経済的事

業や公務の下請けまで担わせ、そのために法人格が必要だということでの法人格の取得は果たして地域的な共同活動の持続性や発展に結びつくのであろうか。逆にコミュニティ組織の事業的な行き詰まりなどによってはコミュニティの共同性を傷つける事態を招来するのではないかと危惧される。

　第二の「人材・資金の確保等」については法人格を取得したコミュニティ組織の強化策として、①「地域人材の確保・育成」、②「外部人材の活用」、③「活動資金の確保・多様化」が取り上げられている。①では人材の世代交代を意識した多世代での知識・技能の習得や交流、また「定年退職者や若者、外国人」などの新たな「地域活動に参画する機会」の創出、そして地方公務員が今度はコミュニティ組織の地域活動へのアクターとして登場している。

　これらの諸施策はほとんどこれまで行われて来たことであり、それでも人材確保や育成が進んでいないのがコミュニティ組織の実態である。つまり、「地域人材の確保・育成」がうまくいっていないのは、基本的に研修のやり方がまずかったり、定年退職者など「多様な層」が地域活動に参画する機会が創出できていなかったり、地方公務員の地域活動への参画が不十分だったためではない。前提となる地域人材の生活の再生産の条件そのものが新自由主義的政策によって壊されてきているからである。したがって、ここでの具体策は地域住民の生活の再生産の条件の再構築とセットで展開されないかぎり実際の効果は期待できないと思われる。

　②の「外部人材の活用」では、事業展開の「運営上のノウハウの取得、団体間の連携のコーディネート」について外部人材からの支援があげられている。ここでの外部人材とは都市部では「NPO職員、大学教員、企業社員」等で、それらの「公共人材」とコミュニティ組織が求める人材像とのマッチングが推奨されている。他方、地方部ではすでに行われてきた「地域おこし協力隊」や「地域おこし企業人」など

が例示され、これらがコミュニティ組織の活性化に効果的であり、「引き続き推進すべき」とされている。これらの外部人材が過疎地域等において一定の励ましになっていることはあるにしても、結局、これら外部人材の多くは行政の予算措置の下での半公務員としての活動であり、それが地域の人口減や人口流出を食い止める効果を生み出しているとはとても言えない。こうした外部人材誘致策をコミュニティ組織強化の切り札のごとく扱うのは「期待値が高くなりすぎている」というしかない。

　③の「活動資金の確保・多様化」の中身は、市町村がコミュニティ組織に市町村業務の委託や施設の指定管理によって「自主財源の涵養」を促し、また国の財政措置を活用した「交付金の創設」、「ふるさと納税やクラウドファンディングの手法を活用した資金確保」などの支援を行うことである。いずれもコミュニティ組織に何らかの公的資金を投入して、「安定的かつ持続可能な財政運営」を図るという施策である。こうした手法では「自主性・主体性が発揮できる」ことにはならず、公的な資金の状況いかんによってはコミュニティ組織の財政運用が立ち行かなくなることは目に見えている。

　以上が答申の「公共私の連携」の具体的な処方箋の内容である。バックキャスティングの手法で2040年における地方自治体と住民の暮らしの危機を強調した割には、打ち出された政策の中身はこれまでの新自由主義的な公務圧縮論、自治体抑制論の上に組み立てられており、むしろ資源制約とコロナ禍をチャンスとして、それをさらに進めようとしているかに見える。「公共私の連携」は都市部においては「プラットフォーム」に、そして地方部ではコミュニティ組織にこれまで地方自治体が提供してきた公共サービスを委ねようとしている。

　都市部の「プラットフォーム」の主要なアクターとして想定されているのはシェアリングエコノミーなどの巨大情報資本を含む新たな「私」（市場）である。他方で市場として魅力のない地方部では「公」

の圧縮の後の担い手として既に衰退している「共」のコミュニティ組織が無理やり引き出されている。そして圧縮された「公」の世界では少数精鋭のスーパー公務員が公務以外の仕事もこなし、定年後も地域のために働き続けるものとされている。これが20年後の「公共私の連携」の姿として描かれているのである。ここで想像力の外に置かれているのは住民生活である。ではこのような「公共私の連携」の下で住民生活はどうなるのであろうか。

3 既にある「公共私の連携」の現実

次に、答申で描かれた「公共私の連携」が企図している「公」の縮小と変質が住民生活にどのような困難をもたらすことになるのか、20年後ではなくて現在進行している「公共私の連携」の下での住民生活の実態を通してうかがうことにする。ここでは地方部での「成功」事例とされているコミュニティ組織の「地域運営組織」と都市部での「プラットフォーム」として「公共私の連携・協働」で運営されている介護保険の地域包括ケアシステムを取り上げる。

(1) 「公共私の連携」の「成功」事例が示すものは何か

答申でコミュニティ組織として取り上げられている「地域運営組織」とは、「地域住民自らが主体となって、地域住民や地元事業体の話し合いの下、それぞれの役割を明確にしながら、生活サービスの提供や域外からの収入確保などの地域課題の解決に向けた事業等について、多機能型の取組を持続的に行うための組織」と定義されている（「まち・ひと・しごと創生総合戦略」2015改訂版）。この「地域運営組織」は2019年度の調査によると、全国で5,236組織あり、742の市区町村（43.8％）で形成されている。

「地域運営組織」はこれまでの「自治・相互扶助活動から一歩踏み出し」、行政代行活動（市区町村場の窓口代行等）、生活支援活動（コミュ

ニティバスの運行、送迎サービス、家事支援等)、地域資源活用・保全活動(体験交流事業、名産品・特産品の加工・販売等)など地域経営型の活動を展開している。特に中山間地などでこうした組織が必要となったのは、人口減や高齢化で従来の自治会・町内会などが機能しなくなったり、企業が市場から撤退したうえに、平成の大合併で自治体数が大幅に減少し、それらの組織が提供していた上記のような公共サービスや生活サービスが提供されなくなり、その受け皿が必要とされたからである。

　しかし、必要があることと地域運営組織がそうした事業を担いえるかは別である。前記の2019年調査によると、支援している行政側から見た地域側の課題として、「住民側の新たな担い手の確保」(73.2%)、「活動資金の安定的な確保」(55.8%)、「住民自身が事務局機能を整備するという意識が低い」(34.2%)などがあげられている。また地域運営組織の側の活動上の課題としては「担い手の不足」(83.1%)、「リーダー人材の不足」(54.8%)、「事務局人材の不足」(55.2%)などがあげられている。調査結果が示す「地域運営組織」の実態は、地域の側の必死の奮闘にもかかわらず期待されているコミュニティビジネスの担い手とは程遠いものとなっていることをうかがわせるものである。

　そこで「地域運営組織」の「成功」事例として全国から注目され、「地方の衰退・崩壊を食い止める切り札」とも期待されている「小規模多機能自治」(島根県雲南市)の内容とその背景を自治体行政と住民生活の視点から見ることにする。まず「小規模多機能自治」とは何かであるが、地制調の調査報告では「2004年11月の合併後、2005年から2007年にかけて、市内全域において、概ね小学校区域で自治会等の各種団体が結集した「地域自主組織」が、住民自治のプラットフォームとして住民発意により発足。1世帯1票制ではなく、1人1票制の考え方で、地域課題を住民自らが事業化して解決している。各地域自主組織は、活動拠点となる交流センターの指定管理料のほか、市からの

地域づくり活動等交付金（約700万円の事務局職員の人件費を含め平均約900万円／年）等を財源に運営されている」と記載されている。

　「小規模多機能自治」の掲げている理念（「市民と行政は垂直的関係（統治的）ではなく水平関係（協働）」、「“我がまち”の意識（団体自治への依存）から、“我が地域”の意識（地域自治前提の団体自治）へ」、「団体自治中心の自治から、相互補完型の自治へ」、「自助・互助共助・公助」の「補完性の原則に基づく優先度」、「“輝く地域”が“まち全体の輝きに”！」などの惹句は多くの自治体関係者の共感を呼び、「小規模多機能自治推進ネットワーク会議」（2015年）という全国組織が結成されるまでになった。

　人口減少と高齢化で厳しい課題に直面している地方自治体からすればまさに願ったりかなったりの「地域運営組織」ということになるが、果たして他の自治体で起こっている「停滞事例」を免れているのであろうか。雲南市は2018年に「地域と行政の今後のあり方」合同検討プロジェクトチームを発足させ、報告書（『地域と行政の今後のあり方報告書』、2018年10月）をまとめた。それは2007年に市内全域で「地域自主組織」がつくられて10年以上経ったなかで「負担感の増加や地域支援のあり方など様々な課題」が生じてきていたからである。

　この報告書は「人材の育成・確保」、「参加者減・負担増」、「事務局の処遇確保」、「自治会と自主組織との関係」、「市職員の地域参画」、「自治会・自主組織・行政の関係」など19の論点別に現状と「このまま推移した場合」、「理想的な姿」、「本質的課題」と対策を検討している。例えば、「参加者減・負担増」については、現状として、「イベントが多く参加者は同じ人が多い。一人一役ではなく一人三役以上。役員、参加者、割り当てが固定化している」などの声があり、このまま推移した場合、「運営側の限界を超え、活動が衰退する。後継者不足。担い手を失う。続けることができなくなり、事業・活動が停止する」などが記されている。こうした現状は、「理想的な姿」として描かれた

「魅力ある事業があり、誰でも参加しやすく、現役世代、次世代、女性でも役割を担え、参加・参画したいと思い…楽しんで活動している状態」とは程遠い状況にある。

　なぜ、こうした状況が生み出されているかについての「本質的課題」としては、「関わる機会・仕組みがない」、「地域のことを考える場・機会がない」、「役員の交代ができていない」、「行事や事業の見直しがされていない」などがあげられている。

　またこのプロジェクトと同じ時期に市内の全自治会長向けに行われた「自治会アンケート」では、「地域自主組織」の必要性について、「なくてはならない」18％、「あった方がよい」49％、「なくてもよい」9％、「ない方がよい」3％、「どちらでも構わない」13％などとなっており、積極的肯定層が2割を切っているだけでなく、否定や保留層が25％も存在している。この否定・保留層からは、「地域自主組織」について、「自治会長、自治会への負担が大きい。行事や会議が大きな負担。地域に貢献しているとは思えない。何をしているのかわからない。本来行政がやるべきことを地域自主組織を通じてやらされている。必要と感じることが少なく、負担が多い。地域自主組織が必要ない行政を行ってほしい」などの声が出ている。

　自治会側に「地域自主組織」に対する批判が根強くあることがうかがえる。こうした「地域運営組織」の担い手不足に対して、住民の地域活動への参加密度をさらに高めることで対応しようとすることについては、「地域住民の『参加密度』は限界まで高まっている」として疑問視されている（青西靖夫「島根県における地縁型住民組織の現状と課題」、『島根県中山間地域研究センター研究報告』第15号、2019年）。また「地域運営組織」への調査報道としてはNHKスペシャル取材班『縮小ニッポンの衝撃』（講談社現代新書、2017年）があるが、その中で「当たり前の公共サービスが受けられない─住民自治組織に委ねられた『地域の未来』」として雲南市の事例や「地域崩壊、集落が消えていく」と

して人口300人足らずの益田市下匹見地区の住民組織が取り上げられている。いずれにしても、地域消滅の恐怖のなかで他の選択肢はないものとして受け止められているのである。

　では雲南市の「地域自主組織」は客観的にどのような「成果」を生み出しているのであろうか。市の人口は合併直後の44,403人から2019年には36,248人へと減少し、既に「第2次雲南市総合計画後期基本計画」の2024年の目標人口36,500人を下回る状況になっている。人口の社会減については20歳代から30歳代を中心とする子育て世代の転出が続いており、歯止めがかかっていない。他の経済・産業指標を見ても、工業事業所数、工業従業員数、商業事業所数、商業従業者数、農家数などいずれも減少している。また市の一般行政職員数は2005年の578人から2018年には443人へと大幅に減っている。

　こうした中での「公共私の連携」のモデルとして、「共」の「地域自主組織」に対して過大な期待が寄せられたが、結果としては、状況を変える力は発揮できていない。総理大臣賞を二度も受賞した雲南市の「地域自主組織」の10年の歩みとその「成果」は、市町村の公的役割を縮小・変質させながら、その空隙を「共」の「地域運営組織」に担わせるという戦略そのものに無理があることを示している。一方で、地方の人口減と超高齢化を招いた成長戦略を加速させながら、他方で、その後始末を専ら「共」に担わせるという政策が、成果を上げるなどできることではない。

⑵　介護保険における「公共私の連携」と「我がこと・まるごと」地域共生社会戦略

　答申が20年後をにらんで構築すべきとしている「公共私の連携・協働」で創る「プラットフォーム」とそこでの地方自治体の役割には既視感がある。それは2000年から創設、運営されている介護保険制度の下での地方自治体の役割と「共」、「私」の関係がそっくりだからで

ある。介護保険制度を「公共私の連携」の視点から見れば、それまで
「公」が措置制度（税）によって一元的に担ってきた高齢者福祉の世界
を社会保険制度（保険料と一律の利用者負担）に変え、併せてサービス
提供主体としての「公」を撤退させ、新たに「共」としての NPO や
協同組合、「私」としての営利企業を多様なサービス提供主体として招
き入れたということである。

　「公」としての地方自治体の役割は介護保険制度という「プラットフ
ォーム」を創り、それが「公共私の連携」でうまく回るように保険者
として維持・管理の役割に徹することになっている。すなわち、3 年
ごとに高齢者保健福祉計画と一体の介護保険事業計画を立て、サービ
ス事業者の認定、要介護の認定作業、介護保険料の設定や徴収を行う
などである。サービス提供は専ら民間の「共」や「私」の役割で、サ
ービス提供事業者と利用者の間のサービスの需給は「公」が設定した
準市場を通して行われることになっている。

　さらに介護保険制度の場合には市町村の「公」としての立場は微妙
である。3 年ごとに国の運営方針が示され、それに基づいて各自治体
が一律に計画を策定し、実行に移すという仕組みになっており、地域
の実情に基づいて計画を立てたり、市町村の判断で遂行するというこ
とに実質上なっていないからである。その意味では地方自治体は「プ
ラットフォーム・ビルダー」というより、「プラットフォーム」の現場
監督という役どころであり、地方分権の呼び声とは逆に中央による集
権化は介護保険制度を通じて一層進んでいる。

　その介護保険制度は創設から 20 年を経過して、高齢者福祉の「プラ
ットフォーム」としても、また「公共私の連携」としても大きな壁に
ぶつかり、制度としても解体の危機にある。1980 年代の「臨調行革」
に始まる日本の新自由主義政策に基づく「公」の圧縮は、1990 年代末
に 21 世紀型への社会保障制度への抜本的転換として介護保険制度を
誕生させた。この社会保障分野における新自由主義の申し子ともいえ

る介護保険制度は、自治体の高齢者の保健福祉分野の施策を次々とその内部に取り込み、消滅させることで「公」の縮小と変質に「寄与」しただけではない。この制度を通して「私」（市場）の拡大という「成果」をあげてきた。このことは各自治体の「高齢者保健福祉計画・介護保険事業計画」が20年を経て事実上「介護保険事業計画」に純化してきていることや高齢者介護分野での営利企業の驚異的な伸びを見ればよく分かる。

　そして今、介護保険制度は「プラットフォーム」の縮小過程にある。介護不安を人質にした制度維持という大義名分で、被保険者や利用者の負担増と他方での介護保険制度からの切り離しが続いている。保険料がウナギのぼりに上がっているだけでなく、利用者負担の増加、特別養護老人ホームの利用制限、軽度要介護者の総合事業への移行など様々な形で介護保険制度本体から利用者の引き離しが一層激しくなっている。2018年の厚生労働省の調べでは、年金から保険料を天引きされない低年金層の介護保険料滞納による差し押さえ件数が過去最多の約2万人に増加している。介護保険制度のような商品・市場モデルの社会保障制度は当然、前記のような保険料の滞納でペナルティを課せられる人だけでなく、利用料のハードルでサービスを受けられない人、地域にサービスがなくてサービスを受けられない人などさまざまな事情で人々を制度から排除することになる。そして自治体は保険者機能の強化を促され、制度からの追い出し策に手を貸すことになる。

　こうした介護保険制度の「プラットフォーム」の状況は必然的に漏れ落ちた人々への新たなる「プラットフォーム」の構築を要請する。これが「我がこと・まるごと」「地域共生社会戦略」である。この「地域共生社会戦略」が企図しているのは、地域住民が「主体的」に地域課題を把握して「解決」を試みる体制を構築していくことであり、併せて地域において分野横断的な総合支援への転換を図ることである。この戦略は2017年に「地域包括ケアシステムの強化」法として具体化

され、社会福祉法のなかに「地域共生社会」の実現に向けて、地域住民に地域福祉推進の努力義務が付加された。また介護保険に対しては、制度の持続可能性の確保策として所得の「高い」高齢者への負担割合の３割化や介護納付金への総報酬割の導入などが盛り込まれた。

　既に 2015 年の介護保険法改正によって、新総合事業（「市町村が中心となって地域の実情に応じて住民等の多様な主体が参画し、多様なサービスを充実することで地域の支え合い体制づくりを推進し、要支援者等に対する効果的かつ効率的な支援を可能にすることを目指すもの」）という要支援者を介護保険本体から切り離して地域支援事業へと移す仕組みが作られていたが、それが 2017 年度から全国一斉に実施に移された。その大きな特徴は基準緩和型の非専門的な「住民主体の多様なサービス」として、これまでの「共」の NPO や協同組合などに加えて、住民の相互扶助活動（互助）が「公」に紐つけられたことである。互助やボランティア活動が公的サービスの担い手に組み込まれたのである。

　これは新たな「介護難民」への対策としての地域共生社会戦略が、その担い手として「支え合い型」（互助）などの「共」を想定していることを物語っている。このように介護保険制度の下での「公共私の連携」は、「公」（行政）の役割を縮小・限定させ、他方で「私」（企業）を肥大化させ、「共」（社会福祉法人、NPO、協同組合、互助活動）を消耗させる形で進行している。こうして「介護難民」対策の地域共生社会戦略は「共」を疲弊させることでさらに「介護難民」を生み出す事態を招くことになる。要介護３以上に限定した特別養護老人ホームの入居者数は 2019 年時点で 55.1 万人となっているが、それでも同年の待機者数は要介護２以上で 29.2 万人、これに要介護１・２の居宅での生活困難者を加えると 32.6 万人になる。これは「公」を抑制し、「私」（市場＋自助）に委ねた結果である。

おわりに

　以上のように答申の提起する「公共私の連携」は大きな問題を抱えていることが明らかになった。それは市町村など地方自治体の機能縮小を前提にした「公共私の連携」となっているからであり、「自助・共助・公助」の補完性の原則に則った「公共私の連携」だからである。こうした「公共私の連携」では、「共」にとっても「私」にとっても将来の展望は開けない。それにもっと大きな問題は相変らず新自由主義型の成長戦略とセットになった「行財政改革」の尻拭いの役割を「公共私の連携」が担わされる構図になっていることである。改めて、「公共私の連携」は何のために、誰のために行われるのかが問い直されなければならない。

　そのためには20年後の「厳しい」状況を見据えて、今の地方自治体のあり方を変えるという手法ではなく、逆に、現在の住民生活の厳しい実態から出発して、その住民生活の苦境を打開するために「公」（国や地方自治体）や「共」（自治会、社協、社会福祉法人、NPO、協同組合など）、「私」（市場）がどのような役割を果たしてきたか、または果たしえなかったのかを検証したうえで、そのあり方を大胆に見直す必要がある。地域の人口減と高齢化を招来させた新自由主義的成長政策を転換させ、地方自治体の財政力や規制力を強化して、その力を住民生活の基盤整備や「共」の再生に向ける必要がある。

　その上で、新たに「公共私の連携」のあり方を、これまでとは違った形で組み直していくことができると思われる。健康で文化的な生活の最低限を住民生活の場で実質的に保障する「公」（基礎的自治体）の責任、公共サービスや社会サービスの提供・維持に対する「公」（行政）の責任、そして際限なく拡張する「私」（市場）に対する社会・経済的な規制の強化など「公」が固有な役割を担った上での、「共」と「私」との新たな連携が求められている。この場合、「共」のあり方も

また変革を迫られることになる。そこでの「共」の役割は、「公」や「私」の代替や補完ではなく、「地域住民が主体的に地域課題を把握して解決を試みる」という理念を、上記のような「公」「行政」の役割発揮との関連で具現化することであろう。地域の高齢化や人口減少は決して自然現象ではない。一定の政策の帰結である。とすれば、戦後の公民館活動のような自らの生活や地域に引き寄せて政策や政治を吟味する力を養うこと、これがコミュニティ組織としての「共」にまず求められていると思われる。また、地域に何らかの社会サービスが必要となった場合も、自治会など地縁型の互助組織がそのままサービス提供の事業主体になるなどの無理をするのではなく、必要ならばNPOや社会福祉法人、協同組合などの事業型の「共」が仕事として担うやり方に変えることが必要である。また当然「私」（市場）のあり方も「コミュニティへの関与」や「貢献」が求められる。こうした各主体の変化を通して住民の生活本位の新たな「公共私の連携」が可能になるであろう。

第5章

「小さな拠点」形成政策に関する批判的検討
―国の導入意図と取り組み実態との乖離をめぐって―

関　耕平

はじめに

　農山村地域において集落の枠組みを超えて新たに地域を運営する組織（地域運営組織）を編成し、地域課題の解決に向けて共助を展開していくための「小さな拠点」づくりと呼ばれる政策手法が注目されている。本章の目的は、「小さな拠点」をめぐって生じている国と地方とのあいだの相違点やズレをとらえることで、農山村部の実態に即し、地域が真に必要とする「小さな拠点」形成政策のありかたを析出することである。

　地域に真に必要とされている「小さな拠点」形成政策について結論を先に言えば、地域住民の意思決定に基づいて「生活機能の維持」が第一義的に追求され、「集約」とは直接的に結びつけられていないし、結びつけてはならないという点、さらには、行政経費の削減には必ずしもつながるものではなく、むしろ行政経費の増大を伴った「生活機能の維持」や「充実」さえも予定されるべきものである、という点に尽きる。

　本章の構成は以下のとおりである。はじめに「小さな拠点」とはなにか、またこれをめぐる政策の導入過程と政策文書上のせめぎ合いの構図をみたうえで、『自治体戦略2040』における「公共私によるくらしの維持」との関係でどのようにとらえることができるのか、検討する。つぎに島根県における「小さな拠点」に関連した政策を明らかに

し、さらには島根県邑南町（おおなんちょう）における「小さな拠点」形成事業や雲南市（うんなんし）の地域自主組織の実態から、これら地域の取り組みと国の政策意図との乖離を明確化する。最後にこれら島根県での取り組み事例に基づいて、地域が真に必要とする「小さな拠点」形成政策とその要素を析出してみたい。

1　「小さな拠点」と『自治体戦略2040』をめぐって

「小さな拠点」を的確にいいあらわすことは難しい。なぜならば、この言葉を使う者の立場によって様々な思惑が渦巻き、意味内容が微妙に揺れ動くため全体としてあいまいになってしまうからである。したがって、これをめぐる政策も時々の力関係の中で揺れ動く、動態的なものとしてとらえなければならない。このことを念頭に、「小さな拠点」についてその始まりから経緯を概観し、政策文書上の位置づけや表現から国の政策意図をくみ取りながら、本書が扱う『自治体戦略2040』とのかかわりを確認しておこう。

(1)　「小さな拠点」の政策への導入経緯

「小さな拠点」が用語として初めて登場したのは、2009年4月にまとめられた国土交通省過疎集落研究会報告書であり、そこには、「過疎集落の住民生活の安定を図るために…具体的には、①日常的な医療、福祉、買い物、地域交通等の生活に必要な基礎的サービスを提供する、小さな拠点を整備すること」と表現されている。この研究会の座長を務めた小田切徳美によると、「小さな拠点」は第一に、地域空間の側面でいえば「生活機能を維持するうえで最低限必要なさまざまな施設を、中心集落に確保する」ことであり、第二に地域コミュニティ的側面では、これを運営するにあたって「周辺集落も含めた小学校単位…あるいは昭和の合併の前の旧村単位で」広域化した新しいコミュニティ（地域運営組織）を作り上げていくこと、以上の二側面があるという。

図表5-1 「小さな拠点」のモデル図

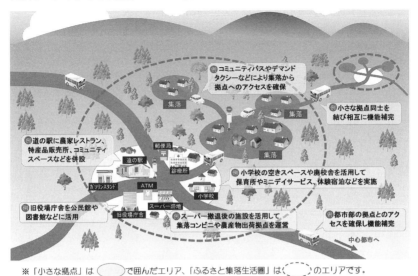

※「小さな拠点」は◯で囲んだエリア、「ふるさと集落生活圏」は┈┈┈のエリアです。

（出所：国土交通省国土政策局「実践編「小さな拠点」づくりガイドブック」2015年。https://www.mlit.go.jp/common/001086372.pdf）

この「地域空間における集約的な拠点づくり」と「地域コミュニティにおける広域的な拠点づくり」の両者を同時に追求するのが「小さな拠点」づくりだという。[1] 国土交通省国土政策研究会ではより具体的に、「集落が点在する地域において、商店や診療所など日常生活に不可欠な施設や地域活動を行う場を、歩いて動ける範囲に集め、ワンストップで複数の生活サービスを提供できるように」することを指すと表現されている（図表5-1）。

　さらに小田切は、「新自由主義的な国土政策の極み」「隠れた集落移

1　小田切徳美・北本政行「「小さな拠点」とは？─理念、必要性、可能性について」人と国土21、2017年3月号、6～12頁および小田切徳美「農山村集落と「小さな拠点」─その意義・機能・課題」人と国土21、2013年7月号、6～9頁。ちなみに複数集落にまたがり広域化して「小さな拠点」を形成することを自明視するのは問題がある。単独集落で「小さな拠点」形成を実践する北海道下川町一の橋地区などの存在が無視されるからである。保母武彦「地方創生の「小さな拠点」政策を考える」土地総合研究、2015年夏号、86～92頁。

転」といった批判に対して、「施設を山から麓におろすとか、周辺集落から移すという概念は全くなくて、むしろ中心部に必要機能を確保する」ものだと強調する。[2]

(2)　政策文書にみる「小さな拠点」

　しかし、政策文書のなかではこの小田切の反論と齟齬をきたす表現も散見される。たとえば「国土のグランドデザイン2050」ではコンパクト＋ネットワークがキーワードとされ、具体的には「行政や医療・福祉、商業等各種サービス業の効率性を高め、よりよいサービスを提供するため、コンパクトな拠点をネットワークで結ぶ地域構造を構築する。まず、サービス機能の集約化・高度化を進め、交通及び情報ネットワークで住民と結ぶとともに、その後、一定の時間軸の中で、誘導策等により居住地の集約化を進める。」（19頁、傍点筆者）とされている。また国土交通省の松家新治は、「日常生活を営む一定の範囲でコミュニティとしてのまとまりが維持できるよう必要な生活環境を整えることは持続的な地域社会づくりに欠かせない。（三全総）当時はその中で足りないものをいかに整備し蓄積していくかという発想であったが、今の時代に求められるのは、人口減少が進む地域が生き残るために、必要なものをいかに組み合わせ、残していくかという創意工夫である。」[3]（152頁：括弧内および傍点筆者）と述べる。「中心集落に必要機能を確保する」ためには「組み合わせ」や「創意工夫」だけで十分なのか、何とも心もとない。

　さらに地方創生における「小さな拠点」は「地域住民の活動・交流や生活サービス機能の集約の場」と端的に表現されている。

　そもそも国交省から発した「小さな拠点」ではあるが、農水省や総

2　小田切・北本・前掲注（1）7頁。

3　松家新治「人口減少時代の地方創生に向けた国土計画の役割」農村計画学会誌、第33巻第2号、2014年、151〜153頁。

務省の政策文書でもしばしば言及されるようになっている。たとえば、第 32 次地制調答申中間報告は、「公民館等の地域コミュニティの拠点を核として生活機能を集約した「小さな拠点」を公共私一体となって形成していく」（傍点筆者）という。この表現では、小田切のいう、生活機能が徒歩圏内に確保される「集約的な拠点」にとどまらず、生活機能を（周辺集落から）集約して「小さな拠点」を形成することも含まれるようにも読める。また、総務省過疎問題懇談会では「複数の集落で構成される集落ネットワーク圏において「集約」と「ネットワーク化」を図りながら、日常生活支援機能を確保するとともに、地域産業を振興」（傍点筆者）することが説かれている。

　こうした政策文書の表現から読み取れる政策意図は明確であろう。すなわち、基幹集落へと生活・福祉サービス機能を集約させ、周辺集落をネットワークで結ぶことで集落生活圏全体を維持しようとする考え方である。さらに行政機能の低下を補うものとして地域運営組織を位置づけるものといえよう。以上のように、「集約」を伴い「小さな拠点」を整備し、さらに地域運営組織には行政機能の代替を期待する、という政策的文脈を読み取ることができる。周辺集落から施設を移す「隠れた集落移転」ではなく、「中心集落に必要機能を確保する」という小田切の当初の意図と、「小さな拠点」をめぐって国が打ち出す政策的文脈との乖離を認識したうえで、両者を峻別しておく必要がある。

4　「2040 年頃から逆算し顕在化する地方行政の諸課題とその対応方策についての中間報告」（2019 年 7 月）。

5　「過疎地域等における今後の集落対策のあり方に関する中間とりまとめ」（2014 年 7 月）。

6　中山徹『人口減少と公共施設の展望―「公共施設等総合管理計画」への対応』（自治体研究社、2017 年）。

7　保母・前掲注（1）は「地方創生の「小さな拠点」の発想は、効率化、大規模化、市場経済化という発想の単純延長にあって、命とくらし、基本的人権と自治の観点が弱い」ため、行政経費の削減目的に特化しかねないと指摘する。

⑶ 『自治体戦略2040』における「小さな拠点」

　『自治体戦略2040』には「小さな拠点」という用語が直接は登場しないものの、「小さな拠点」と周辺集落をネットワーク化して形成される『集落生活圏』や、「小さな拠点」の運営を担う『地域運営組織』が登場する。

　たとえば第一次報告では「人口減少や高齢化が著しい中山間地域等では、集落機能の維持が困難になるような低密度化が発生するおそれ」があり、「一定規模の集落生活圏で日常生活を営めるよう、集落移転を含め、地域に必要な生活サービス機能を維持する選択肢の提示と将来像の合意形成」（傍点筆者）が重要になるという。

　さらに第二次報告では、「公共私によるくらしの維持」に関連する項目とかかわって「共助による支え合いの基盤となる主体（地域運営組織等）が継続的に活動できるように、人材、資金、ノウハウをいかに確保するかが課題」であること、「従来からの地縁組織やより活動の幅を広げた地域運営組織が共助による支え合いの基盤となっているが、高齢化と人口流出によって急速に弱体化するおそれがある。継続的な活動に必要な人材、資金、ノウハウを十分に確保できるよう…組織的基盤を強化する必要がある。」（傍点筆者）とされ、「共・私が必要な人材・財源を確保できるように公による支援や環境整備が必要」であるという。

　つまり、集落移転も含めて生活機能を集約した「小さな拠点」を形成することが有力な「選択肢」であり、それを運営する地域運営組織を「共助による支え合いの基盤」と位置づけ、この共助の「プラットフォーム」たる地域運営組織を維持するための支援が行政（公）の役割であるとされている。

　以上のように『自治体戦略2040』においては、先にみた「小さな拠点」の政策的文脈、すなわち、集落移転を含む生活機能の集約と地域運営組織への支援による共助の強化、さらに全体の文脈に位置づける

ならば、その先に、地域運営組織による行政機能の代替が予定されているといってよい。

2 地域における「小さな拠点」形成の実際

こうした「小さな拠点」をめぐる政策的文脈は、必ずしも地域において貫徹しているとはいえない。ここでは島根県による政策の経緯と実態、島根県邑南町における「小さな拠点」形成事業および島根県雲南市における地域運営組織の実態、以上の三つの事例から、国の政策意図との相違点やズレを明らかにしたうえで、ここで実践されている事例に基づいて、地域・現場で実際に求められている「小さな拠点」の形成にかかわる要素を析出しよう。

(1) 島根県における「小さな拠点」形成政策[8]

はじめに島根県における中山間地域・集落に関する政策の展開を確認しておこう。島根県は広範囲の中山間地域を抱えていることから、いち早く農山村集落に着目した政策を実施してきた。1996 年には「島根県中山間地域活性化基本構想」を策定し、1998 年に島根県中山間地域研究センターを設立、2001 年には「島根県中山間地域活性化計画（以下、計画）」を策定した。第二期計画（2008 年〜）では、すでに集落だけでは生活機能（**図表 5-2**）が維持できないことを認識していたため、公民館エリアを念頭に置いた施策を検討し、実際に 2008 年から「中山間地域コミュニティ再生重点プロジェクト事業」として集落を超えた範囲での「新たな地域運営の仕組みづくり」のモデル事業を開始している。これは国の「小さな拠点」に先んじた動きといえよう。

2012 年からの第三期計画では県の関係部局で構成する「中山間地域対策プロジェクトチーム」を設置し、公民館単位での住民による議論

8　島根県中山間地域・離島振興課へのヒアリング（2020 年 9 月）および第四期および第五期の島根県中山間地域活性化計画による。

図表5-2 島根県中山間地域活性化計画における生活機能の内容

・買い物（商店、移動販売サービス）ができる環境
・金融サービス（店舗、固定ATM、移動ATM）を利用できる環境
・燃料油（ガソリン、軽油、灯油、混合油）を入手できる環境
・医療、介護・福祉サービス（訪問診療・看護・介護含む）を利用できる環境
・生活支援サービス（除草・除雪など）を利用できる環境
・住宅などの紹介提供サービス（空き家バンク等）を利用できる環境
・冬季や病後などの緊急時でも暮らせる環境
・上記の環境への交通アクセス

（出所：島根県中山間地域活性化計画（第五期））

や計画づくりなど、20地区での現場支援を行った。2016年からの第四期計画では、「小さな拠点づくり」の推進を掲げ、住民同士の話し合いを通じた地域運営の仕組みづくりを支援した。この時点で地域運営組織が担うのは「生活機能」「生活交通」「地域産業」の三つが想定されていた。

　2020年からの第五期計画において特筆すべきは、この三つのうち「地域産業の振興」を切り離し、「小さな拠点」形成事業としては、生活機能および生活交通の確保に重点を絞ったことである。地域運営組織の活動内容を、生活機能の維持から地域産業の振興へと高めていくまでの間には大きな隔たりがある。地域運営組織への負担を考慮し、地域産業の振興を別建てとした柔軟な対応は、地域の実態を踏まえたものとして高く評価することができる。

　ここで島根県による「小さな拠点」形成政策の特長をみていこう。第一に、地域産業振興をいったん切り離し、生活交通の確保も含む「生活機能の維持」を最重視した点である。この点についてはすでに述べたとおりである。

　第二に「集約」を掲げていないことである。たとえば第四期計画において、「「拠点」をつくって、そこに集まって住もう、ということではなく…（取り組みを進めることで）それぞれの地域に住み続けることができるようにしようとするもの」（括弧内筆者）であるとし、さらに、

「必ずしも機能の「一点集中」を目指すものではなく、地域の実態に応じて、「小規模・分散型」の機能・サービスを交通手段でつないでいく方法も有効」（21頁）と明確に述べている。

第三に、「集約」を掲げていないこととも関連するが、「小さな拠点」のエリアや人口の規模についてあえて言及してこなかったという点である。これらは地域の話し合いで決まるものであって、行政がいうことではない、という姿勢を明確に打ち出していることを意味する。なお2020年度から、単独の公民館エリアでの活動が困難な場合に複数エリアで連携した取り組みを実施し、それを支援する「『小さな拠点づくり』モデル地区推進事業」が新設された。これが島根県においては「小さな拠点」の規模を念頭に置いた初めての事業であるが、あくまで選択肢の一つという意味に止めている。

第四に行政による支援が充実している点である。島根県中山間地域研究センターの専門職員はもちろん、本庁職員も含めた充実した人員体制で「小さな拠点」形成に対する支援に取り組んできた。例えば2020年度からは本庁だけではなく、より当該地域に近接した西部県民センターなど各地域の合同庁舎の機能を強化している。また財政支援も手厚く、毎年1.5〜2.0億円の予算を確保している（図表5-3）。さらに言えば、この金額は市町村にたいする事業費補助であり、実際の事業実施総額としてはこれ以上であることからも、その財政措置の手厚さが見て取れる。なお、2020年の予算額が若干減少しているのは、計画策定活動と実践活動を対象とした支援から、実践活動にたいする支援のみへと移行し、事業件数が減少したこと、また先述の通り、「小さな拠点づくり」から地域産業振興該当分を切り離したことでスモールビジネス事業へと予算費目が移行したことなどによる。

以上、島根県における「小さな拠点」をめぐる政策の実態から、「集約」を予定した政策になっていないこと、行政による充実した人員配置による支援体制や財政措置がとられていること、「小さな拠点」の範

図表5-3　島根県中山間・離島振興課による「小さな拠点」づくり関連当初予算

（千円）

年度	2016年	2017年	2018年	2019年	2020年
小さな拠点づくり	109,100	168,072	150,323	172,414	88,820
積算根拠					
人材配置支援	24人	61人	71人	71人	23人
計画策定支援	49地区	42地区	46地区	32地区	16地区
実践活動支援	10地区	10地区	15地区	15地区	9地区
拠点整備支援	5地区	5地区	1地区	1地区	1地区
（うちモデル地区）	―	―	―	―	24,032
スモール・ビジネス	15,960	17,761	28,366	29,812	55,777
合計	125,060	185,833	178,689	202,226	144,597

※スモール・ビジネスの一部は2019年度まで小さな拠点づくりの中で地域産業の振興として実施

【財源内訳】

（千円）

	2016年	2017年	2018年	2019年	2020年
一般財源	116,806	138,639	130,951	156,828	79,693
地方創生交付金	8,254	47,194	47,738	45,398	64,904

（出所：島根県中山間・離島振興課提供資料を筆者一部改変）

囲や規模についても住民の合意と発意を重視してきたこと、さらには地域産業振興を切り離し、生活機能の維持を第一義的なものとして設定し支援していること、などの特長が明らかになった。いうまでもなく、国レベルでみられた「小さな拠点」の政策的文脈と対抗的なものであると評価できよう。

(2)　島根県邑南町羽須美地区における「小さな拠点」形成モデル事業

　次に、2020年度から新規に開始された島根県による「『小さな拠点づくり』モデル地区推進事業」（先述）を活用し、具体的な取り組みを開始した地域の実態を見てみよう。すでに述べたように、この事業は複数の公民館区が連携する取り組みへの支援である。

　モデル事業の対象である邑南町羽須美地区は八つの自治会から編成されており、2005年の平成の合併までは羽須美村、さらに昭和の合併

前は阿須那および口羽という二つの行政村であった。この二地区に公民館が設置されており、それぞれの人口は現在 700 人弱となっている。両者が連携して「小さな拠点」を形成する本事業にたいし、5 年間で 1.5 億円（ソフト事業上限 5000 万円、ハード事業上限 1 億円）の行政経費が確保されている。邑南町が発行する過疎債（ソフト事業含む）が財源として充てられ、事業総額 1.5 億円のうち 7 割相当の元利償還額が邑南町に地方交付税措置される。したがって、残りの 3 割が町財政の実負担となるが、このうち 3 分の 2 を県が財政支援するという補助スキームとなっており、町財政の実質の負担は事業総額の 1 割相当である。

　このモデル事業は、羽須美地域の広域的な地域運営組織によって当該地域における生活機能（交通、買い物、福祉等）を維持・確保することを目的としている。その実現に向けて、活動開始から 9 年目を迎え、県内でも高いパフォーマンスを誇る地域運営組織「口羽をてごぅする会」の活動をうまく活かしながら、阿須那地区にも住民組織を新たに設立し（2020 年 11 月立ち上げ）、これら二つが協働することで広域的な地域運営組織を編成し、「小さな拠点」を形成しようとしている（図表 5-4）。

　具体的な予定事業として、ワークショップや住民アンケートの実施により事業全体の計画を策定すること、JR 西日本と共同で行うデマンド交通の開発、地元出身者へ地域情報を発信し、交流するための「はすみ新聞」の発行、地域運営組織の事務所の改修・整備、買い物拠点としてのホームセンター開設の実証実験、高齢者サロンの設置などが挙げられている。

　ここでの取り組みの第一の特長は、5 年間という長期にわたる事業であり、年度をまたいだ予算執行が可能な柔軟な制度設計となっている点である。具体的には、県による債務負担行為の手続きによって会計年度にとらわれない予算を確保している。これにより、タイムスケジュールを気にすることなく、住民との丁寧な合意形成を重視しなが

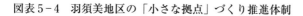

図表5-4　羽須美地区の「小さな拠点」づくり推進体制

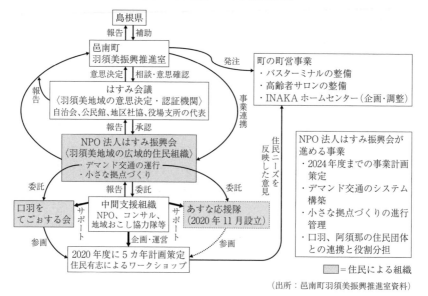

（出所：邑南町羽須美振興推進室資料）

ら事業を進めることを可能にしている。

　第二に、地域運営組織にたいしてすべてを委託し任せるのではなく、町行政が直営で実施する事業を設定し、切り分けている点である。バスターミナルの整備や高齢者サロンの設置といったハード整備を伴う事業について行政が担うのは当然とはいえ、買い物拠点（ホームセンター）の開設実証実験など、ソフト事業についても行政が直営で実施することが想定されている。このように、住民や地域運営組織の選択いかんでは町行政が直営で実施することを想定しており、行政機能の代替の受け皿として地域運営組織を位置づけようとする国の政策的文脈と、明らかな対照をなしているといってよい。

　第三に、地域が必要とする生活機能のうち、地域運営組織はどこを担うのかなど、「小さな拠点」のあり方全体について、住民の選択・決定が尊重されるという点である。初年度に計画策定のワークショップ

が開催され、事業内容を順次決定していくことにも、このことがあらわれている。さらにはワークショップの場に参加した役場職員が「（住民が）役場に求めること（政策領域）もあるだろうし」と言い回りながら住民と対話していたこと、ワークショップに先立って邑南町長が、「役場ができることは（生活機能の維持のための「小さな拠点」形成事業の）財源を取ってくること。生活機能の維持の項目として具体的に何を選ぶか、どうするかは住民が決めること」と発言していることにもあらわれている。

　一般的に、地域運営組織には、従来は地域住民が担っていながら、人口減少や担い手不足から支えきれなくなりつつある草刈りや高齢者の見守り活動などを引き継ぐことが想定されてきた。しかし、住民ワークショップに参加している町職員は、あくまでその判断も含めて住民による合意形成と決定に基づいて決めるという前提にたち、話し合いをスムーズに進めるためのファシリテートに徹していた。

　以上のように、「小さな拠点」の形成を長期にわたるものとして想定し、地域運営組織の立ち上げに関しても住民による合意形成と意思決定を重視しながら、スケジュールにとらわれずに柔軟に対応しようとしている点、地域運営組織による行政機能の代替を予定せず、住民の決定によっては行政が担う場合がありうると想定するなど、島根県の政策と同様に国による政策的文脈と異なる点が確認できよう。

(3)　島根県雲南市における地域自主組織の運営実態[9]

　島根県東部内陸に位置する雲南市は、2004 年に 6 町村の合併により誕生し、人口およそ 37,000 人、高齢化率は 39％（2020 年 4 月末時点）、面積の約 8 割を林野が占める典型的な中山間地域の自治体である。少

9　ここでの記述は、板持周治「小規模多機能自治による住民主体のまちづくり」中小商工業研究 135 号（2018 年）27～33 頁および雲南市「小規模多機能の自治による住民主体のまちづくり：雲南市の地域自主組織」雲南市政策企画部地域振興課説明資料（2019 年）を参照した。

子高齢化と人口減少、それによる集落機能の低下に直面した雲南市では、15 年ほど前の平成の大合併直後から既存の集落や自治会を維持しつつ、「地域自主組織」と呼ばれるおおむね小学校区域（昭和の合併以前の旧村単位）の規模の広域的な地域運営組織を編成した。さらに市は、旧小学校校舎や地域の旧公民館などを「交流センター」として整備した。地域自主組織は「交流センター」の指定管理を受託し、ここを拠点として様々な地域課題の解決に向けた活動を展開している。こうした取り組みは、「小さな拠点」の先進事例として全国的にも注目を浴びている。

①　雲南市における地域自主組織導入の経緯と概要

　雲南市は町村合併直後の 2005 年より 2 年半をかけ、市内全域で地域自主組織を発足させた。この地域自主組織は、地域の絆が確保でき、多様な資源が活用できるおおむね昭和の合併以前の村の単位に相当する。当初は 44 組織あったものが、その後統合や分離があり、2019 年 8 月時点で 30 の地域自主組織が活動している。平均すると 1 組織あたり 1,300 人程度であるが、200 人を下回っているところから最大で 6,000 人超の組織まで、人口規模はさまざまである。地域自主組織は自治会や町内会という地縁型組織としての性格だけにとどまらず、同じ区域内にある消防団や営農組織といった目的別組織、さらには PTA や婦人会といった属性別組織もすべて束ねる形で編成されている。

　地域自主組織の目的は住民自身による地域課題の解決であり、具体的には、①公民館から引き継いだ社会教育・生涯学習、②地域づくり、③地域福祉、以上の三つの役割が期待されている。具体的な活動事例としては、地域内輸送・交通、水道メーターの検針を兼ねた見守り活動、託児サービスの実施、産直市場の機能を兼ねた交流・語らいの場の形成、交流宿泊施設の運営による交流人口の受け入れ、地域から商店が消えたために「交流センター」（旧小学校）にスーパーマーケットを開設・運営している事例、子ども神楽などの文化継承の取り組みな

ど、地域ごとに様々なかたちで展開されている。

② 地域自主組織の特徴と行政による支援

　既存の地縁型組織である自治会や町内会との相違から、地域自主組織の特徴をみていこう。第一に、自治会よりも広域的な区域であること。第二に、自治会は世帯主を中心とした一戸一票制であるのに対し、一人一票制をとっていること。第三に、自治会等が慣習的な行事を担っているのにたいし、課題解決志向を持った日常的な活動を行っていること。第四に、常勤スタッフ体制がとられていること、である。

　ここで重要なのは、行政が地域自主組織に任せきりにするのではなく、これらの取り組みを支える体制を構築しているという点である（図表5-5）。具体的には、第一に、人的支援として市役所支所に地域づくり担当職員を配置し、企画についての支援や指導を行っている。例えば、具体的な地域づくりの取り組みに際して財源が必要になった場合、中央省庁や県、民間による助成金についての情報提供のほか、申請支援などを担っている。

　第二に、財政支援である。活動の拠点となる「交流センター」の維持管理費として毎年1組織当たり平均で100万円程度の指定管理料が支払われるほか、一括型の自由度が高い交付金が各地域自主組織にたいし交付され、これに地域内の会費収入等を合わせた財源に基づいて活動が展開されている。この「地域づく

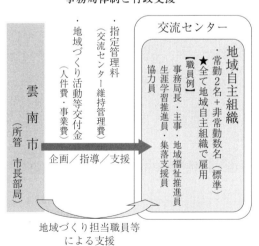

図表5-5　雲南市における地域自主組織の事務局体制と行政支援

（出所：雲南市政策企画部地域振興課説明資料を一部改変）

り活動等交付金」は1組織当たり平均で1,000万円程度であり、人件
費と事業費が一括して給付され、組織ごとに何に振り向けるのかを判
断したうえで執行されている。このうち概ね8割程度は常設の事務局
体制のための人件費に充てられ、地域づくりの企画や事業実施の財源
が不足する場合は、県や中央省庁、民間財団の助成などへの応募・申
請を勧め、地域づくり担当の市職員がこれを支援している。常設の事
務局体制は地域自主組織ごとに異なるが、常勤2名と非常勤数名が標
準とされている。

　以上、雲南市における地域自主組織、すなわち地域運営組織の編成
とその活動拠点となる「交流センター」の運営実態、関連する財源や
予算措置をみてきた。「小さな拠点」の形成と運営という観点から、重
要と思われる点を改めてまとめてみよう。

　第一に、常設型の事務局体制が整備されていることである。地域自
主組織において2〜3人が常駐しており、住民が集う場が常に用意され
ている。ここに住民が集い交流することで地域課題に話題が及び、さ
らに地域課題の解決の取り組みや企画へとつながっていく重要な場と
なっている。常設型の事務局体制が確立し、親睦機能中心のコミュニ
ティ機能を安定させたことにより、地域の現状や将来について住民間
で話題になり、長い時間をかけて「地域課題解決型の機能を有するコ
ミュニティ[10]」へと展開することが可能になった。

　第二に、こうした地域自主組織の運営を可能にする予算措置と予算
執行権限が確立しているという点である。人件費と事業費を合わせて
一括して支給し、地域自主組織による裁量に委ねることで、恒常的な
事務局体制の確立と地域課題の解決に向けた多様な取り組みを支えて

10　こうしたコミュニティ機能の類型については、金谷信子「コミュニティは失われた楽園か
　　—"地域コミュニティ"の実態と政策の再考」コミュニティ政策学会編『コミュニティ政策』17
　　号、東信堂（2019年）参照。なお金谷は、「親睦機能中心のコミュニティ」から「地域課題解
　　決型の機能を有するコミュニティ」への発展を自明視することを戒めている（82頁）。この指
　　摘は、共助の「政策化」の批判とも共通する重要な指摘といえよう（後述）。

いる。

　第三に、住民の意向を尊重しながら、最大限柔軟な行政対応がなされているという点である。地域課題の解決の具体的な取り組みについて住民自身の発意を基本とすることはもちろん、制度の変更や行政による支援体制、地域自主組織の編成（統合や分離）は住民の意向が尊重され、編成から 15 年以上を経た現時点でも試行錯誤が繰り返されている。一つの地域自主組織の人口規模が 200 人未満から 6,000 人超までと、大きくばらついていることからも、組織の運営や規模に関して住民の意向が尊重され、行政の対応が柔軟であることが理解できよう。

3　「小さな拠点」と「集約」・「共助」・「行政代替による経費削減」をめぐって

　以上のような島根県の事例から読み取れるのは、『自治体戦略 2040』に典型的に表れていた国による「小さな拠点」の政策的文脈とは異なり、むしろこれとは対抗的な取り組みが実践されているという点であった。

　『自治体戦略 2040』に表れる政策的文脈とは、集落移転を含む生活機能の集約、地域運営組織への支援による共助の強化、さらにその先に、地域運営組織による行政機能の代替と行政経費削減を予定するといったものである。本章の最後に、これら政策的文脈との相違点やズレを改めての整理したうえで、地域が真に必要とする「小さな拠点」の要素を析出しよう。

⑴　集約することを前提としない「小さな拠点」

　そもそも「小さな拠点」は「地域空間における集約的な拠点」であって、小田切が強調するように集約することとは無縁であったし、島根県の政策実施においてもこの点は強調されていた。そのため島根県は「小さな拠点」の規模の目安を示すことに慎重であった。

　しかし、『自治体戦略2040』では集落移転という言葉の登場が示すように、集約が前提とされている。集約を伴うという「小さな拠点」の政策的文脈は、国土交通省が5,000ヵ所という整備数の目安を示していることと無縁ではない。ちなみに増田寛也は、2014年10月14日に松江市で行われたシンポジウムにおける筆者の質問にたいして、「『小さな拠点』が5,000ヵ所では多すぎる」と発言している。

　すでに見たように、島根県で実施されている「小さな拠点」の形成は、おおむね昭和の合併前の行政村の単位であった。1947年時点の村の総数は8,511、昭和の合併開始直前の1953年でも7,616である。すべてが農山村部でないにしても、町と村をあわせた数はそれぞれの時点でおよそ10,300および9,500であることから考えて、5,000という「小さな拠点」の整備数の目安の提示、さらには「これでも多すぎる」という評価は、「集約」を促すように受け取られかねない。

　いずれにしても、地域運営組織という新たなコミュニティを形成するという「小さな拠点」の目的から考えて、地域住民の合意形成を容易にするうえで一体性と共同体意識が最も優先されるべきことであり、規模の目安を安易に示すことは避けるべきである。実際に雲南市の地域自主組織の規模は、人口規模が200人未満から6,000人超までと大きくばらついているし、行政もこうした住民の意思決定を尊重している。

　中山が言うように、コンパクト（集約）＋ネットワークではなく、周辺集落の維持＋ネットワークこそが地域が真に必要としている「小さな拠点」形成政策にとって重要となる。

11　国土交通省国土政策研究会『「国土のグランドデザイン2050」が描くこの国の未来』大成出版（2014年）128頁。ちなみに5000ヵ所という記載部分の注として、過疎地の集落数6万5千という数値をあげており、過疎地にのみに「小さな拠点」を整備すると想定して単純に割ると、13集落に1つの「小さな拠点」という計算になる。保母・前掲注（1）によれば、全国の農業集落総数で割った場合は、28集落に1つという計算になる。

12　中山・前掲注（6）。

(2)　「共助」をめぐる論点

『自治体構想 2040』では、「プラットフォーム・ビルダー」つまり、「地域運営組織への支援による共助の強化」が公共部門の役割であると強調されている。しかし地域で実際に取り組まれている実態から明らかとなったのは、共助にゆだねるのか、行政として責任を持つのかについては、住民自身による意思決定が尊重されなければならないという点であった。本書の他章でも繰り返し論じられていることではあるが、共助への向き合い方について改めて検討しよう。

　共助による「生活交通の確保」について、島根県における実態をみていこう。公共交通機関の空白地帯を対象として国土交通省が許可すれば、普通免許であっても一般住民による有償の乗客輸送が可能になったのは 2006 年からであった。これにもとづき「生活交通の確保」の取り組みが各地で始まり、そうした地域においては高齢者の大事な足として定着し始めている。島根県のある地域の場合、2019 年 4 月だけで 19 万円の赤字であり、年間 400 万円と見込まれるこの事業の赤字は町行政が負担している。それでも廃止したバス路線よりも 160 万円低く抑えられているという。しかしこうして減った赤字分は、自家用車を提供し運転手として事業に協力する住民（ほとんどが 60 歳以上）によって分担される。つまり、協力する住民には時給 800 円が支払われるものの、ガソリン代の足しになる程度である。[13]

　こうした厳しい状況の中でも、地域における共助によってのり越えようという動きは貴重なものといえよう。問題は坂本が言うように、こうした取り組みが「政策化」されていくことである。たとえば、まち・ひと・しごと創生本部の文書には、「中山間地域で暮らしていくためには…地域運営組織の形成・活動が不可欠」であるとして地域運営組織の形成と活動が前提となっている。このことは一見、「共助」のように見えて実際は、その地域による「自助」を押し付けるものであり、

13　朝日新聞 2019 年 7 月 11 日付（島根県版）。

本来求められているのは「小さな拠点」や地域運営組織を設立するか
も含めた「自己決定に対する制度的保障」である[14]。この点で、邑南町
のモデル事業では、どこまでを共助でカバーするのかについて住民自
身による意思決定が尊重されていた。

　地方自治体の役割として、地域住民が必要とする生活機能を支え、
維持する人権保障がまず先にあり、あくまでその結果として「共助の
強化」が位置付けられるべきだろう。地方自治体が「プラットフォー
ム・ビルダー」として「共助の強化」を第一の目的にすることは、地
域住民の権利性を脆弱化させることへとつながりかねない。

(3) 「小さな拠点」は「行政代替による経費削減」を目的にしていない

　「小さな拠点」の役割・目的は、「生活機能の維持」である。『自治体
戦略2040』が描く構図は、地域運営組織の共助によって行政機能が代
替されながら、生活機能を維持することを念頭に置き、さらに現状か
らの後退を前提に、何を残すか取捨選択し、どう組み合わせるのかと
いう「撤退戦」が想定されているように思われる[15]。

　すでに述べたように、また他章でも繰り返し述べられているように、
どの水準でどのような「生活機能」が必要であるか、維持されるべき
かは、主権者たる住民の意思決定により決められ、行政責任をもって
保障することが先になければならず、共助がその一部を担うかどうか
も、住民による意思決定によるべきである[16]。

14　坂本誠「自律と支え合いによる農村の再生：都市と農村の二項対立を超えて」神野直彦・
　　井手英策・連合総合生活開発研究所編『「分かち合い」社会の構想：連帯と共助のために』(岩
　　波書店、2017年)。158-161頁。
15　松家・前掲注 (3) が「今の時代に求められるのは、人口減少が進む地域が生き残るために、
　　必要なものをいかに組み合わせ、残していくかという創意工夫である。」(152頁) と言ってい
　　ることに端的に示されている。
16　門脇恵美「第32次地方制度調査会答申における「公共私の連携」」住民と自治、691号
　　(2020年11月号) 34～37頁。門脇によれば、『自治体戦略2040』の議論は「サービス供給プロ
　　セスへの地域住民等の参画」に限定されるという (36頁)。本章で繰り返し述べたように、ど
　　のような生活機能が必要か、その機能を担うのは公助か、共助かというレベルでの意思決定へ

　したがってその場合、意思決定の結果いかんでは生活機能の「維持」のみならず、「拡充」も選択肢に入れなければならない。実際に島根県内におけるある「小さな拠点」形成事業において、新たに温浴施設を整備することが議論されている。高齢独居の世帯は、自宅での入浴の準備作業が困難であること、光熱水費負担が高くなるという理由から入浴回数を減らしている実態があり、生活機能の確保としてニーズが高いと地域住民が判断したためである。このように「小さな拠点」の形成は、共助による行政代替、ひいては行政経費の節約とは直接つながるものではなく、むしろ行政による生活機能の維持・拡充、行政経費の増加も予定されていなければならない。実際に雲南市の地域自主組織の運営においても、行政経費の削減効果は見込まれてはいない。

(4)　「小さな拠点」形成とその財源確保

　以上を念頭に置いて、最後に「小さな拠点」形成に関する財源確保について言及しておこう。第一に留意すべきは、「小さな拠点」形成に必要な時間が長期にわたるため、これに対応した財政措置の確保の重要性である。島根県は債務負担行為という形で 5 年間にわたって柔軟に執行できる経費を確保していた。今後は基金制度の創設などによってさらなる柔軟な財源確保の工夫が求められる。

　第二に、生活機能の「拡充」に対応した財源額の確保である。財源措置として、総務省、農水省、国交省と、各省庁から基礎自治体にたいして直接補助される「小さな拠点」にかかわるモデル事業が存在する。しかしながらこれら事業の採択要件には、施設の集約化や複合化、地域産業振興などが挙げられており、本章で明らかにした国による政策的文脈が色濃く反映した取り組みにならざるを得ない。また、地方創生推進交付金もその有力な財源として考えられるが、2019 年度までは島根県の関連政策経費へと十分に充当されていないという実態もあ

の「参画」が確保されなければならない。

り（図表5-3参照）、使い勝手がよいとはいえない。したがって、「小さな拠点」にかかる財源の確保に際しては、地方交付税措置の拡充により基礎自治体の一般財源を充実させ、政策を後押しすることが追求されるべきである。[17]

　本章では地方自治体によってこれまで実践されてきた、地域にとって真に必要とされる「小さな拠点」形成政策の実態とその要素を、国の政策的文脈と対比させながら明らかにした。こうした地方自治体による政策展開をさらに広げていくうえでも、一般財源の拡充と保障が求められている。

　　謝辞：本稿執筆にあたり、島根県、邑南町、雲南市の職員の方々ならびに、住民の方々からのヒアリングにより多くのご教示をいただいた。お礼を申し上げるとともに、日々の政策実践に心から敬意を表したい。なお本稿は、島根大学山陰研究センターの研究プロジェクトによる成果の一部である。

17　すでに「小さな拠点」の形成にかかわる地方交付税措置は導入されているが、標準団体（1自治体）あたり700万円と極めて少額であり、さらなる拡充が求められる。

第6章
公共私連携の法制度をめぐって

はじめに

　2020 年 6 月 26 日、第 32 次地方制度調査会（以下、「地制調」）の答申「2040 年頃から逆算し顕在化する諸課題に対応するために必要な地方行政体制のあり方等に関する答申[1]」（以下、「答申」）が出された。答申は、「目指すべき地方行政の姿」として、第一に「地方行政のデジタル化」、第二に「公共私の連携と地方公共団体の広域連携」、第三に「地方議会への多様な住民の参加」を掲げ、本稿の検討対象である「公共私の連携」について、「地域社会において、今後、様々な資源制約に直面し、住民ニーズや地域の課題が多様化・複雑化していく中にあって、地域で住民が快適で安心な暮らしを営んでいくことができるようにし、さらに、技術やデータを活用して安全性や利便性を高める都市・地域のスマート化の実現に向けて積極的に挑戦を行っていくためにも、<u>市町村が、地域社会を支える多様な主体や他の市町村・都道府県との連携といった、組織や地域の枠を越えた連携を進めることが重要になる。[2]</u>」（傍線筆者）とする。ここでは市町村の「多様な主体」との連携が「公共私の連携」を指しており、具体的には、「私」との連携としてシェアリングエコノミー等、「共」との連携としての「地域運営組織」を中心とする地域コミュニティ組織の活動が念頭に置かれている。[3]

1　第 32 次地方制度調査会答申は、総務省のホームページ（https://www.soumu.go.jp/main_sosiki/singi/chihou_seido/singi.html）において閲覧することができる。

2　第 32 次地方制度調査会答申 4 頁。

3　第 32 次地方制度調査会答申の「公共私の連携」論の批判的検討として、拙稿「第 32 次地方

　答申におけるこの「公共私の連携と地方公共団体の広域連携」は、答申の議論の前提である「自治体戦略2040構想研究会」第一次報告（2018年4月）（以下、「2040報告①」）および第二次報告（同年8月）（以下、「2040報告②」）（以下、あわせて「2040報告」）においては、「新たな自治体行政の基本的考え方」として示された「スマート自治体への転換」、「公共私によるくらしの維持」、「圏域マネジメントと二層制の柔軟化」、「東京圏のプラットフォーム」のうち、「公共私によるくらしの維持」および「圏域マネジメントと二層制の柔軟化」に枠組みとしては対応するが、2040報告においては二つに分かれていたテーマが答申においては枠組みとして合体されている。これは、行政が担ってきた事務・事業の「機能」ごとの細分化とそのコミュニティ組織による分担が、圏域・広域行政化の手段に位置づけられることが明示されたものと理解できる。すなわち、答申も2040報告も同様に、行政資源の制約を議論の前提としており、将来的に市町村は標準的サービスの提供のみを担い、それが従来担ってきた事務・事業のうち、標準を超え出る部分については「機能」ごとに細分化し、これを地域コミュニティ組織—さしあたりは私的な任意団体としての「地域運営組織」を念頭に、さらには公権力の行使を担える公法人としての「地域自治組織」も視野に入れて—に対して、当該組織がその事務・事業を自ら実施するか否かの判断を含めて委ねることを構想している。その限りにおいて、市町村の区域がもつ意味は薄れるのであるから、このような「地域運営組織」と「地域自治組織」による「機能」に基づく自治という発想は、それが市町村の区域内の狭域自治としてのみならず、市町村

制度調査会答申における『公共私の連携』」住民と自治691号（2020年11月）30頁以下。

4　「自治体戦略2040構想研究会」の第一次・第二次報告は、総務省のホームページ（https://www.soumu.go.jp/main_sosiki/kenkyu/jichitai2040/index.html）で閲覧することができる。これに対する批判的検討として、白藤博行・岡田知弘・平岡和久『「自治体戦略2040構想」と地方自治』（自治体研究社、2019年）、とくにこれとの異同に着目した今次地制調答申の批判的検討として、榊原秀訓「第32次地方制度調査会答申から見る国の自治体戦略」自治と分権81号（2020年10月）40頁以下を参照。

の区域を超越する広域自治にも適用可能なものであるという認識を前
提に、2040報告の「圏域行政・圏域マネジメント」にそもそも内在し
ていたと考えられ、答申においては両者の親和性と政策的つながりが
より明確に示されることになったものと理解できる。

　しかし、国とは独立した統治団体として、地方自治すなわち団体自
治と住民自治を憲法上保障されている市町村が担う事務・事業を機能
によって細分化し、一定の機能についてそれをコミュニティ組織に自
治的に担わせることができるとしても、その機能ごとの自治の集積は
果たして地方自治に代替できるものであるのか、大いに疑問である。[5]
他方で、共助の拡充を目指す政府方針については、その文脈上「公」
の行政資源制約を理由に「共」を単なる行政代行に位置付ける可能性
をもつ点には十分注意をしなければならないものの、地域における課
題を住民自身が解決するという理念自体は否定されるべきことではな
いことから、そこには理論的に「公共」の存在形態を改めて問い直す
問題提起的契機が内包されているようにもみえる。本稿は答申におけ
る「公共私の連携」論について、それが地域の暮らしを守るものであ
るのか、「公」「共」「私」の関係のあり方に立ち戻って批判的に検討す
るとともに、コミュニティ組織による活動に民主主義と地方自治を深
化させる契機があるのかどうかについても検討したい。[6]

　5　白藤博行「『自治体戦略2040構想』と第32次地制調による法制化の検討」白藤・岡田・平
岡・前掲注（4）42〜43頁は、「『機能的自治』論は広域自治にも狭域自治にも適用可能な『自
治組織・作用』論であり、2040報告における『圏域行政・圏域マネジメント』においても内在
する考え方となりうる」ものであり、「『機能的自治』は『区域に基づく地方自治』を容易に飛
び越えることが可能であると指摘する。
　6　本稿は、同様の問題意識から執筆した以下の拙稿をベースとしている。拙稿「シリーズ　第
32次地方制度調査会答申を読み解く　第3回　第32次地方制度調査会答申における『公共私
の連携』」住民と自治691号（2020年11月）30頁以下、同「『地域自治組織』による『機能的
自治』の規範的条件」晴山一穂・白藤博行・本多滝夫・榊原秀訓編著『官僚制改革の行政法理
論』（日本評論社、2020年）281頁以下。

1 ベストミックスで地域の暮らしは成り立つか

(1) 前提としての「自治体戦略2040構想研究会」報告

「公共私の連携」は、今次地制調の議論の前提である2040報告においては、「公共私のベストミックス」あるいは「公共私によるくらしの維持」として議論されていたところである。2040報告は人口減少と高齢化により、「公」である市町村の行政資源の制約を理由とした後退と、「私」である民間事業者の採算のとれない領域からの撤退を、多様な主体とりわけ「共」としての地域住民等の自主的組織によりカバーすることにより地域のくらしを維持していこうという戦略であった。特に地方部においては「住民ニーズに対するサービス供給が私の領域でビジネスとして成り立たなくなる可能性がある」ことに加え[7]、「自治体は、経営資源の制約により、従来の方法や水準で公共サービスを維持することが困難になる[8]」ことが強調される。それでは、住民のくらしに必要なサービス供給を誰が担うのかというと、新しい「私」としてのシェアリングエコノミーにも言及されるものの、むしろ新しい「共」すなわち住民等の自主的な組織にその役割が期待されている。そこにおいて地方自治体は新しい「公」として、単なるサービス・プロバイダーから「新しい公共私相互間の協力関係を構築する『プラットフォーム・ビルダー』へ転換することが求められ[9]」、「共」の中心的担い手と位置付けられる「地域運営組織」の組織的基盤強化が施策として必要であるとされる[10]。「地域運営組織」へのこのような期待は、これについて政府が2015年から調査を開始し、その後も毎年度報告書を公表しており、その設立についてNPM手法の地方自治版である重要業績成果指標（KPI）としてその形成数（「まち・ひと・しごと総合戦

---

7 「自治体戦略2040構想研究会」第二次報告8頁。
8 「自治体戦略2040構想研究会」第二次報告7頁。
9 「自治体戦略2040構想研究会」第二次報告33頁。
10 「自治体戦略2040構想研究会」第二次報告34頁。

略（2017 改訂版）」（2017 年 12 月 22 日閣議決定）[11]によれば 2020 年までに 5,000 団体）を明記するなど重要施策として位置付けていることからも明らかである。今次地制調の答申の「公共私の連携」の内容も、明らかにこの 2040 報告が示した戦略に沿ったものになっている。

(2)　今次地制調答申における「公共私の連携」の内容

1)　「基本的な考え方」

「公共私の連携」の「基本的な考え方」として、まず、「多様な主体の参画による持続可能な地域社会の形成」という方針が示される。「今後、様々な資源制約に直面する一方、住民ニーズや地域の課題は多様化・複雑化していくことが想定される」ため、「今後は、これまで、主として家庭や市場、行政が担ってきた様々な機能について、これらの主体が、組織の枠を越えて、サービス提供や課題解決の担い手としてより一層関わっていくことが必要である」とされる。[12]

2)　「公共私の連携・協働の基盤構築」

「多様な主体の連携協働によって、快適で安全な暮らしを営んでいけるような地域社会を形成していくため、第一に、市町村は行政サービス提供の役割を担うとともに、これらの主体をネットワーク化した上で……積極的にプラットフォームを構築していく役割を担うことが期待される」とされる。第二に、「人材が組織の枠を超えて地域社会で活躍できるような環境の整備」のために、公務員の「1 人複役」が求められ、民間と公務の兼業（任期付き短時間勤務職員）など多様な任用形態の活用、営利企業への従事等の許可の透明性・予測可能性の確保等が提示される。さらに、公務員が公務外で地域における地域の活動に「コーディネーター」として参加することが求められる。[13]

11　「まち・ひと・しごと総合戦略（2017 改訂版）」は、首相官邸のホームページ（https://www.kantei.go.jp/jp/singi/sousei/info/pdf/h29-12-22-sougousenryaku2017hontai.pdf）で閲覧することができる。

12　第 32 次地方制度調査会答申 10 頁。

3）「共助の担い手の活動基盤の強化」

　「共助の担い手」の活動基盤を強化するための課題として、人材の確保・育成、資金の確保・多様化があげられ、市町村はその持続的活動のための仕組みづくり、人材、資金、ノウハウ等の確保に向けた支援等を行うことが求められるとされる。具体的には、第一に、地縁法人制度の再構築である。現在、地域で活動するコミュニティ組織の多くは法人格をもたない任意団体なので、これに法人格を与えることにより契約の締結を容易にする等、持続的活動基盤の整備が必要であるとされる。コミュニティ組織の法人形態としては一般社団法人、NPO法人、株式会社など様々あるが、最も多いのが地方自治法上の認可地縁団体である。現在、地方自治法上、自治会・町内会等は不動産等に関する権利を保有することを目的として認可地縁団体の法人格を取得することができるが、目的が不動産等の保有に限定されている点がこの制度の利用の妨げになっているとしてこの要件を見直し、「簡便な法人制度としての意義を維持しつつ、不動産等の保有する予定の有無に関わらず、地域的な協働活動を行うための法人制度として再構築することが適当」であるとされる[14]。

　第二に、「人材・資金の確保等」として、①「地域人材の確保・育成」、②「外部人材の活用」、③「活動資金の確保・多様化」が必要であるとされる。とくに③については、コミュニティ組織の安定的・持続可能な財政運営のために、市町村は、コミュニティ組織の指定管理者として指定するなどして「自主財源の涵養」を促すほか、地域の実情に応じて柔軟に利用できる交付金の設立、ふるさと納税やクラウドファンディングの手法による資金確保などの環境整備など、「自主性・主体性が発揮できるような手法により支援を行うことが考えられる」とされる[15]。

13　第32次地方制度調査会答申11〜12頁。
14　第32次地方制度調査会答申12頁。
15　第32次地方制度調査会答申13〜14頁。

(3)　今次地制調答申の基本方針の検討

1)　行政資源の制約という前提

　2040 報告と答申は、「公共私の連携」を求める根拠とする「資源制約」が人口減少と高齢化の避け難い必然的帰結であるように描くが、それが政府のこれまでの政策選択の結果であることが看過されている。いま必要であるのは、統計上の人口予測データをもって悲観的結末の危機をあおり「公共私の連携」を迫ることではなく、これまでの政策を総括し、今後どのような社会をつくるのかを構想することであり、その際には当然に憲法の諸原理、とりわけ基本的人権の保障と民主主義・地方自治の原理に立ち戻る必要がある。「公共私の連携」では「小さな政府」が前提とされ、行政資源の制約が議論の出発点とされているが、その前提自体を見直す必要がある。

2)　「公共私の連携」の政策化の意味

　答申においては「多様な主体の参画による持続可能な地域社会の形成」という方針が示されているが、ここでいう「参画」はあくまでもサービス供給プロセスへの地域住民等の参加であり、地域のあり方に関する民主的な決定への参加を意味しているわけではない。今次地制調の専門小委員会において様々な地域運営組織の成功事例が報告されているが、実際には市町村合併による行政の疎遠化の補完、安価なアウトソーシング、低賃金・無償労働への「強制動員」等、行政の下請け組織化のおそれは否定できない。例えば、ある自治体では出張所を廃止し、代わりに小学校区単位に住民組織を設置し、施設の指定管理のほか出張所で行っていた証明書発行業務を委託したが、そこに雇用される常勤職員の賃金は役場職員と比較して大幅に抑制された。住民からは「丸投げ」「協働といいつつ押し付け」であるとして移管に反対意見もあったという。[16] そもそも、共助とは課題意識を共有するひとび

16　坂本誠「自律と支え合いによる農村の再生―都市と農村の二項対立を超えて」神野直彦・井出英策・連合総合生活開発研究所編『「分かち合い」社会の構想―連帯と共助のために』（岩

との中から自然に生まれるものであり、それを国が政策として推し進めること自体に矛盾があるように思える。答申は公務員の公務外での地域活動の推奨にまで踏み込んでいるが、それが人事評価と関係づけられるなどして間接的に地域活動への参加を強制される可能性は否定できず、そうなればもはや共助とは呼べないだろう。

　3)　「プラットフォーム・ビルダー」としての市町村?

　現在そして将来において地域で暮らすための社会サービスが十分に確保できないというのであれば、具体的にどのようなサービスが不足しており、それを提供する責務を負っている主体は誰であるのかを民主的な議論のなかで精査する必要があり、そのようなプロセスにこそ住民の「参画」が必要となる。憲法上、地方自治体には住民の生活に不可欠なニーズを自ら保障する責務があり、地方自治体がそれを果たすことが困難である場合には国がこれを補完する責務を負う。もちろん、地域における課題を住民自身が解決するという理念自体は否定されるべきことではない。問題であるのは、答申が憲法上の「公」の責務を検討することなく、行政資源の制約から直ちに住民のニーズを「共」により補完させようとする点である。例えば、農村部などの過疎地域においては高齢化が著しく、路線バスの廃止など公共サービスが縮減され、JAなどの民間事業者も撤退するなかで、生活基盤として必要なサービスを改めて共助で担うことを求めることにはそもそも無理がある。「プラットフォーム・ビルダー」ではなく、まさにサービス供給者としての地方自治体の責任が問われなければならない。

2　「公共私の連携」における「共」の担い手

(1)　「共」の担い手としての「地域運営組織」と「地域自治組織」[17]

　答申は行政の資源制約を「共」の活動によりカバーしようとするも

　波書店、2017年）139頁以下（159頁）。
17　政府の報告書における「地域運営組織」および「地域自治組織」の定義についての詳細は、

のであるため、「地域運営組織」は多様な活動を担うことが想定されており、地方自治体はこれまで自ら担ってきた任務を機能により細分化し、これに委ねることになる。「地域運営組織」は主として私的な任意団体であるため強制加入や費用の強制徴収等、公権力の行使を伴う任務を担うことはできないが、同じような地域の組織が公法人として設立された場合にはそれが可能であり、そのような組織として「地域自治組織」が総務省の有識者研究会「地域自治組織の在り方に関する研究会」で検討され、2017 年 7 月に報告書（以下、「地域自治組織報告」）[18]が公表されている。[19] 答申においては「地域自治組織」についての言及はないものの、これが私的組織としての「地域運営組織」の活動限界を補うためのものとして議論されてきた経緯を踏まえると、行政資源の制約を理由として、市町村が担ってきた任務を「地域運営組組織」と「地域自治組織」によってひろくカバーしようとする狙いがみえてくる。

⑵　「公」が提供するサービスの二つの「標準」化？

「地域運営組織」および「地域自治組織」の設立の政策的推進の前提には、これまで市町村が担ってきた行政サービスの水準を維持することができないという認識がある。答申は「今後、様々な資源制約に直面する一方、住民ニーズや地域の課題は多様化・複雑化していくことが想定される」ことを強調するし、これに先立ち 2040 報告は「自治体は、経営資源の制約により、従来の方法や水準で公共サービスを維持することが困難になる」[20] と断定する。地域自治組織報告も「基礎

白藤博行・榊原秀訓・徳田博人・本多滝夫編著『地方自治法と住民―判例と政策』（法律文化社、2020 年）37〜39 頁〔門脇美恵〕。

18　「地域自治組織のあり方に関する研究会報告書」は、総務省のホームページ（https://www.soumu.go.jp/main_content/000495508.pdf）で閲覧することができる。

19　これに対する批判的検討として、拙稿「『地域自治組織』による『機能的自治』の限界」住民と自治 670 号（2019 年 2 月）32 頁以下、同「『地域自治組織』による『機能的自治』の規範的条件」晴山・白藤・本多・榊原・前掲注（6）281 頁以下。

20　「自治体戦略 2040 構想研究会」第二次報告 7 頁。

的自治体は、総じて標準的な行政サービスを如何に維持し、適切に提供していくかに注力していかざるを得ないと考えられることから、地域の公共空間において地域運営組織が果たす役割はさらに増していくことが見込まれる[21]」と共助の役割を強調する。このような方針によれば、市町村は「標準的なサービス」のみを提供し、それ以外のニーズの充足については、これらの組織を設立しサービスを提供させるか否か、その提供するサービスの水準を含めて、市町村内のより狭い区域内の住民の判断に委ねられることになる。答申において「地域運営組織」はその財源を多様な手段で自ら調達することを求められ、「地域自治組織」は「賦課金」を徴収することが想定されているので、当然に市町村内でサービス水準に格差が生じるが、それは当該住民の判断によるものとして正当化されることになる。

　しかし、このような行政の資源制約論に基づく共助の政策的促進については、第一に、今後市町村が提供すべきとされる「標準的行政サービス」（「従来の方法や水準」ではない、すなわち従前の水準を下回るもの）が前提とされているが、そのような「標準的」なサービスなど想定可能であるのか疑問である。先に見た各種の報告書にいうところの、今後、市町村が提供できるサービスの「水準」ないし「標準」とは、あらゆる住民にとって普遍的な、いわば最小公約数ないし最小限度のサービス内容を意図して用いられているように思われる。しかし、各市町村がおかれる環境（人口構成、産業構造、気候、文化など）は様々であり、それによって必要な行政サービスも当然に異なる。もちろん市町村の資源には限りがあるが、そのなかで住民に必要な行政サービスについてその優先順位と水準を決定できるのは、住民の意見に支えられた議会の熟議のほかにない。第二に、答申でより一層明らかになった「公共私の連携」と「広域連携」およびその下で実質的に形成が進められるであろう「圏域」との政策上の密接な結びつきを前提とすれ

---

21 「地域自治組織のあり方に関する研究会報告書」2頁。

22
ば、市町村が提供すべきサービスが例えば圏域単位で「標準」化され
てしまうと、もはや市町村が住民に等しく提供機会を保障すべきサー
ビスとその水準について、当該市町村の住民全体で民主的に議論する
必要はなくなり、市町村に保障された地方自治の意義は空洞化してし
23
まうおそれが指摘できる。

(3)　「共」の担い手の法人化のねらい

　答申は、認可地縁法人制度の要件を見直し、法人格の取得を容易に
することで、地域運営組織の持続的で安定的な運営を可能にする環境
を整えるとしている。もちろん、組織の運営における法人化のメリッ
トを否定するものではないが、その議論は「共」の担い手のサービス
提供に問題があった場合、その法的責任を自ら負うことを求める方向
につながっているようにみえる。例えば介護保険法の領域においては、
介護予防・生活支援サービス事業については市町村の裁量が拡大され、
地域の多様な主体の活用とそれに伴うサービスの担い手の非専門化が
進んでいる。しかし、それらが提供するサービスの質の担保や問題が
起きたときの法的責任の所在は曖昧であるという問題が、サービスの
提供を担う組織の法人化の議論とも関わってくることが指摘されてい
24
る。

22　本稿「はじめに」参照。「自治体戦略2040構想研究会」第二次報告において提示された
　　「圏域」および「圏域マネジメント」と今次地制調答申において提示された「広域連携」との関
　　係性について、本多滝夫「シリーズ　第32次地方制度調査会答申を読み解く　第2回　広域
　　連携」住民と自治690号（2020年10月）30頁以下、榊原・前掲注（4）47頁を参照。本多は、
　　今次地制調は答申において「圏域」という用語を一切使っていないものの、中間報告で示した
　　「地域の未来予測」を市町村間の連携のための基礎的なツールとして位置付け、「広域連携」の
　　下で実質的に「圏域」の形成を進めて圏域の中心都市のマネジメント力を高める提案、さらに
　　市町村合併をも射程においた提案をしていると指摘する。
23　「自治体戦略2040構想」における地域運営組織の活用論についてとりわけ団体自治の観点か
　　らこれを批判的にみるものとして、本多滝夫「地方自治制度から見た問題点と課題」（「シンポ
　　ジウム　憲法をいかし、地域の未来をどう切り拓くか―『自治体戦略2040構想』と地方自治」）
　　自治と分権79号（2020年4月）30頁以下（35頁）。
24　大沢光「『「我が事・丸ごと」地域共生社会』から見た『自治体戦略2040構想』」住民と自

3 領域自治体としての市町村による地方自治の意義

(1) 地方自治と「機能」ごとの自治の異同

今次地制調答申とその前提となる議論においては、「機能」への注目と「機能」ごとの自治という発想が顕著であるが、ドイツ公法学においてこのような「機能」ごとの自治は「機能的自治（funktionale Selbstverwaltung）」という行政類型に分類される。[25]「機能的自治」という用語を端的に説明すれば、それは領域的自治としての地方自治が地理的領域と任務の幅広さに関連づけられているのとは異なり、立法府により創設・配分された特定の公的任務に関連付けられ、同質的な利益に方向づけられた当事者集団が、自ら参加し、自らの責任において行う分権的行政の類型（主として公法人）である。もっとも、機能的自治の用語自体はこれまでみた政府の各種報告書それ自体に登場するわけではないが、例えば「地域自治組織のあり方に関する研究会」の座長代理であり、今次地制調の専門小委員長でもある山本隆司氏（東京大学大学院法学政治学研究科教授）は「地域自治組織」との関わりで論文を複数発表している。[26]

ドイツ公法学における自治の正統化をめぐる議論を参照すれば、

治670号（2019年2月）22頁以下。

25 筆者は、機能的自治の一形態としてのドイツの公的疾病保険者である疾病金庫（Krankenkasse）の自治とその民主的正統化問題を検討したことがある。拙稿「ドイツ疾病保険における保険者自治の民主的正統化（一）～（四・完）」名古屋大学法政論集242号（2011年）261頁以下、247号（2012年）49頁以下、251号（2013年）347頁以下、252号（2013年）155頁以下。機能的自治に関する論考として、注（26）に挙げるもののほか、薄井一成「ドイツ商工会議所と自治行政―公共組合の法理論」一橋法学2巻2号（2003年）157頁以下、日野田浩行「民主制原理と機能的自治」『大石眞先生還暦記念 憲法改革の理念と展開（上）』（信山社、2012年）313頁以下、斎藤誠「自治・分権と現代行政法」現代行政法講座『Ⅰ 現代行政法の基礎理論』（日本評論社、2016年）293頁以下、田代滉貴「農業協同組合の法理論（1）・（2・完）」岡山大学法学会雑誌69巻1号（2019年）49頁以下、69巻2号（2019年）1頁以下などがある。

26 山本隆司「機能的自治の法構造―新たな地域自治組織の制度構想を端緒にして」総務省『地方自治法施行70周年記念自治論文集』（ぎょうせい、2018年）215頁以下、「『新たな地域自治組織』とBID」地方自治847号（2018年6月）2頁以下。

地方自治を正統化するモデルは「公共善の具体化」であるといえる。「公共善」とは、その具体化は諸利益の衡量および選定の過程であるが、「規律理念」として、公権力が個人の総計ではない統合された一般（Allgemeinheit）としての市民の総体が問題となっていることを意識させ続けるものでもあり、この意味における一般化能力（Verallgemeinerungsfähigkeit）こそが民主的決定の本質をなす。地方自治による公共善の具体化は、法律と条例という二つの民主的決定に基づき二元的に正統化される。これに対して機能的自治は、それが「当事者行政」として理解できるという点、（多様なモデルにより正統化されうるが同時に）「公共善の具体化」という要素を備えている点において地方自治と共通性を有するものの、その任務ないし機能は限定され、その構成員も当該任務ないし機能によって画される特定の人的範囲である。その意味において、機能的自治は規律理念としての公共善が求める一般化能力を欠くため、機能的自治による公共善の具体化という構想が正統化されるためには、構成員の参加に基づく団体的＝自律的正統化の他に、一般化能力を有する議会制定法に由来する民主的正統化を要する。この意味における民主的正統化は、第一に議会立法者による機能的自治主体の任務および活動権限の十分な事前決定、第二に機能的自治組織の構造における特定利益優遇の議会立法者による予防措置（関係する諸利益の適切な考慮）、第三に議会に由来する組織的・人的な民主的正統化を経た職務担当者による、機能的自治主体の活動に対する国家監督（適法性監督）によって生み出される。[27]

⑵　「機能」ごとの自治による地方自治の代替は可能か？

　以上をふまえると、本稿「はじめに」で指摘した、今次地制調をは

27　機能的自治を含め行政の民主的正統化論については、さしあたり拙稿「ドイツ疾病保険における保険者自治の民主的正統化（三）」名古屋大学法政論集251号（2013年）365頁以下、「ドイツ疾病保険における保険者自治の民主的正統化（四・完）」252号（2013年）156頁以下参照。

じめとする地方自治法制に関する議論において意図されていると思われる、機能ごとの自治すなわち「地域運営組織」および「地域自治組織」による地方自治の代替を仮に行おうとすれば、まず、公法人の形態をとるとされる「地域自治組織」は、公権力の行使を伴う活動について構成員の参加に基づく団体的＝自律的正統化ならびに法律および条例に由来する民主的正統化を民主政原理から直接に要請され、それ以外の活動についても公法人として憲法上の諸原理の適用を受ける。次に、私法上の任意団体としての「地域運営組織」に対しては、憲法上の諸原理が直接適用されないものの、それが担う任務の公共性から、「地域自治組織」に対する上記諸要請の機能的等価物を求められる。したがって、「地域運営組織」は「地域自治組織」に対する諸要請に準じる内容を規約等に取り込むことを通じて、自主的・自律的に自らの活動を規律することが必要になると考えられる。

　以上を踏まえると、以下の二つの理由から、機能ごとの自治をいくら集積したとしても、領域的自治である地方自治の果たす役割を代替することは不可能であるといえる。第一に、従来市町村が担ってきた行政サービスを「地域運営組織」および「地域自治組織」によって代替するには、様々な規範的要請を満たす必要があり、国会および地方議会の細かな立法作業がその都度不可欠になるが、立法者がそれらの任務・権限を十分に事前決定し、当事者の利益状況を仔細に分析し、特定利益の特権化を防ぐために諸利益に適切な組織構造を指示することは容易ではなく、それらの組織に行政サービスの提供を委ねる案件が増えれば増えるほど、それはより一層困難になるためである。第二に、「地域運営組織」および「地域自治組織」による地方自治の代替という構想は、市町村において住民の資格要件が居住という客観的事実を主たる基準に認められることから、「住民自治の原則は、多様な見解や価値観を抱く個人が地域を核に統一的な判断を育成していく基本原則であり、かつ、共生社会（包摂と連帯）を実現する原則でもあ

る」という極めて重要な認識を看過しているためである。機能ないし[28]
任務により切り取られた特定の人的集団が公的任務を担う場合、その
構成員の利益の方向性は同一であることが、法治国家原理から要請さ
れる（多数決からの少数者利益の保護[29]）。そこでは市町村において実現
されるような、ときに大きく対立することもある多様な利益主体とし
ての住民の熟議による統合作用は生まれえない。そうであれば、市町
村が従来担っていた行政サービスを、その実施・不実施の判断も含め
て、同質性が求められる住民集団に委ねれば委ねるほど、多様な見解
や価値観をもつ住民を市町村の統一的判断に育成するという住民自治
の基本原則が空洞化されてしまうだろう。

(3)　地域の共助組織の活動と地方自治

　市町村の資源に限りがある中で、多様な利益や価値観をもつ多様な
住民に対して「公」としての市町村が提供責任を負うべき行政サービ
スの優先順位とその水準を決定できるのは、そのように多様な住民の
熟議であり、最終的には住民により民主的に選出された議会である。
どのようなサービスについて、どのような水準において市町村が住民
に対して直接に提供責任を負うのかが確定されてはじめて共助の領域
が定まるのであって、その逆ではない。また、本稿「2」でみたように、
共助の活動に対する民主的および法治国家的要請を及ぼすには、条例
の制定をはじめとした議会の活動が必要不可欠である。

　このように考えていくと、地域の共助組織の活動を考えるためには、
市町村議会の活動およびそれを支える住民における熟議が非常に重要
であり、団体自治と住民自治の双方が必須であることに気づく。これ
に対して、「日本創成会議」の座長を務め、2014 年にいわゆる「自治

28　白藤・榊原・徳田・本多・前掲注（17）3 頁〔徳田博人〕。
29　機能的自治における構成員の利益の同質性要請について、拙稿「『地域自治組織』による
　『機能的自治』の規範的条件」晴山・白藤・本多・榊原・前掲注（6）292 頁、296〜298 頁参照。

体消滅」論を発表した増田寛也氏は、GaaS（Governance as a Service）という概念を用いて、「必要な行政サービスが一元的に提供されれば、その主体は国だろうが、自治体だろうが、あるいは公的な民間組織だろうが、一向に構わない」とし、「GaaS が実現すれば、国から独立した地方公共団体が自らの意思と責任の下で自治体運営を行うことを目的とした『団体自治』はほとんどその役目を終え」、「これからは『住民自治』をいかに機能させていくかが重要となろう」とする[30]。ここで増田氏がいう「住民自治」とは、本稿「1(3)2)」において答申の検討の中で指摘したのと同様に、あくまでもサービス供給プロセスへの地域住民等の参加であり、地域のあり方に関する民主的な決定への参加を意味しているわけではない。団体自治を軽視し、住民自治を矮小化するこのような主張に対してはすでに多くの批判がなされているが[31]、本稿の立場からすると、増田氏の議論は領域自治体としての地方自治と「機能」による自治との法理論上の区別をもそもそも無視したものであるともいえよう。「地域運営組織」や「地域自治組織」などの共助組織による行政サービスの提供には、団体自治・住民自治の両面で地方自治の活性化がむしろ必要となるのであり、増田氏が主張するような団体自治不要論と住民自治の矮小化した理解は排除される。

おわりに

今次答申における「公共私の連携」は、「公」「共」「私」を並列的な存在として位置付けているようにみえる。だからこそ、「プラットフォーム・ビルダー」としての市町村が構想できるのだろう。しかし、すでに確認したように、憲法上、地方自治体には住民の生活に不可欠なニーズを自ら保障する責務がある。そのような責務を地方自治体は

30　増田寛也「人口減少社会の到来と自治の未来」自治事務セミナー685号（2019年7月）3～7頁。
31　増田氏の主張に対する批判として、白藤博行「『Society 5.0』時代において地方はどこまで自治が可能か」論究ジュリスト33号（2020年）62頁、本多・前掲注（23）35頁。

「負担」ではなく自治権の行使として担っており、それはひいては国民・住民の権利であるといえる。そのような「公」としての市町村の責務と住民の権利を前提としたうえで、はじめて「共」や「私」による地域の課題解決のための自主的な活動を語ることができる。三者の関係性をいまいちど確認する必要があるだろう。とくに、今次地制調をはじめとする議論において強調される行政の資源制約とこれを理由とする「公」の後退および「共」によるその代替は、領域自治体としての市町村に保障された地方自治と、「機能」ごとの自治との法理論上必要な区別を無視するものであり、許されない。

　もちろん、すでに指摘した通り、地域における課題を住民自身が解決するという理念自体は否定されるべきことではない。ただし、そのような活動は、国の政策として推し進められるようなものではなく、地域における課題意識を共有するひとびとの中から自然に生まれるものである。そして、そのような活動は、団体自治と住民自治の両方により支えられることによって、特定の利益の担い手ではなく、新たな「公共」の担い手として発展することが可能になる。このように考えると、地域のコミュニティ組織による共助の真に自主的な生成と発展は、地方自治の役割を縮小させるものでは決してなく、地方自治ひいては民主主義をむしろ刺激し、その活性化を促すものであると考えられる。

32　住民・国民の権利としての地方自治という理解について、室井力「憲法・地方自治法と自治体・住民」ジュリスト特集『現代都市と自治』（1975 年）（室井編『文献選集　日本国憲法 12　地方自治』（三省堂、1977 年）所収）参照。

第Ⅲ部

「広域連携」論を読む

第7章

地制調の広域連携論―その論点―

山田健吾

はじめに

　日本国憲法は地方自治体に地方自治の保障を認めている（92 条ない
し 95 条）。憲法はこの地方自治体に該当するものを明示していないが、
地方自治法 1 条の 3 第 2 項が定める普通地方公共団体である市町村と
都道府県がこれに該当することは承認されている[1]。

　基礎的自治体として市町村および広域の地方自治体としての都道府
県という政治・行政の主体、そして、この二つの主体から構成される
二層制という地方自治のための枠組みは、当該地域に居住する住民の
人権保障のためのものであるが[2]、これとは異なる、生活圏や経済圏の
拡大による広域行政の必要性、「小さな政府」実現のために国の役割
を限定する必要性、あるいは、総合行政主体として相応しい「基礎自
治体」の確立といった根拠づけによって、府県の規模や範囲の見直し
が提案され、あるいは、市町村合併が実施されてきた。普通地方公共
団体の範囲やその規模、二層制の在り方の再検討が求められるとして
も、それは、憲法が定める人権保障と「地方自治の本旨」（92 条）のよ
り一層の実現のための行われるべきものであるが、平成の大合併以降

1　白藤博行ほか著『アクチュアル地方自治法』（法律文化社、2010 年）37 頁参照。

2　例えば、環境行政領域において、地方自治体は、全国的画一的な法律の制定と実施による住
　民の生命・健康への侵害につき、上乗せ条例の制定・実施を通じて対処し、住民の権利利益を擁
　護実現してきた。この点については、室井力『現代行政法の原理』（勁草書房、1973 年）193 頁参
　照。他方で、1960 年代における地方自治体は、国の開発行政に追随し、住民の権利利益の侵害す
　る一面を有していたことも否定できない。人権を確保するための、地方自治の保障の内容、地方
　自治体の組織や作用、地方自治体の規模や範囲は以上の両側面から検討されなければならない。

も、このことを無視したり、軽視するかのような改革提案がなされていることは周知の通りである[3]。

　以上のような一般的状況の中で、総務省は、「自治体戦略2040構想研究会」（以下、「2040構想研究会」）を設置し、第1次報告（2018年4月）および第2次報告（2018年7月）を公表した（以下両報告を併せて、「2040構想」という）。この2040構想で提示された課題に取り組むべく、第32次地方制度調査会が設置され、同地制調は、2020年6月に「2040年ごろから逆算し顕在化する地方行政の諸課題に対応するために必要な地方行政体制の在り方等に関する答申」を公表した。

　2040構想と第32次地制調答申は、人口減少社会により生ずる様々な問題に対処する手段として市町村合併や広域連携を位置づけ、「都道府県と市町村の二層制の柔軟化」による「圏域」の形成を目指している。その結果、合併もしない連携もしないという「自己決定」した市町村は、都道府県により補完されることが想定されている。この改革提案は、平成の大合併以降の、地制調が示してきた地方自治制度の改変の狙いを集中的に表現するものであって、憲法が保障してきた住民自治と団体自治を形骸化する可能性が否定できないものである。とりわけ都道府県による「補完」は、「市町村の統制となる可能性[4]」や「都道府県が従来の市町村の事務を『補完』することによる都道府県の性格変化の可能性[5]」を否定できず、わが国で形成されてきた、住民の人権保障という都道府県の存在理由を軽視するものである[6]。

　そこで、本稿では、2040構想および第32次地制調答申の検討を通

3　例えば、増田寛也「人口減少社会の到来と自治の未来」自治実務セミナー2019年7月号7頁は、"Governance as a Service" という考え方が実現すればという留保付きであるが、団体自治が役割を終える可能性を明言する。

4　榊原秀訓「地域活性化と自治体戦略2040構想」月刊自治労連26号（2019年）18頁。

5　榊原秀訓「分権改革の総括と課題」自治と分権55巻（2014年）54頁。

6　渡名喜庸安「現代道州制論—道州制導入の論理と法的課題」渡名喜庸安ほか編『「地域主権」と国家・自治体の再編—現代道州制論批判』（日本評論社、2010年）120頁は、「国及び地方自治体という統治機構の存在理由は、現代社会に生存する国民・住民の権利や利益を保障し、その生存を適正ならしめるような条件づくりを行うことにある」としている。

じて、わが国で現在進められつつある圏域の形成のための広域連携を
めぐる法的論点を整序することを試みる。

1　地制調における広域連携論の位相

(1)　総合行政主体論と平成の大合併

1)　地方自治体は、当該区域の事務を担当するが、住民の生活圏や
経済圏の拡大に伴い、区域を越えて広域的な事務処理を要請されるこ
とがある。地方自治法は、広域的な事務処理のために、その制定時に
は一部事務組合の仕組みを用意していた。1952 年の地方自治法改正で
は、地方自治体の協議会、委員会等の共同設置および事務の委託、1956
年の同法改正では職員の派遣が定められている。

2)　地方制度調査会は、以上のような仕組みとは別に、1957 年に、
広域行政論＝広域行政区画論として、府県を廃止し新たに「地方」と
いう団体を全国に設置することを提案している[7]。この「地方制」案は
法制化には至らなかったが、第 28 次地方制度調査会が「道州制の在り
方に関する答申」（2006 年）に公表しており[8]、府県廃止は一貫して国
の課題として位置づけられているといってよい[9]。

3)　昭和の大合併や上記の「地方制」案に続き[10]、市町村による圏域
化が自治省の要綱に基づく広域市町村圏施策として実施された。広域
市町村圏振興整備措置要綱（1969 年）に基づく圏域の設定と事務の共
同処理がなされて以降[11]、大都市周辺地域振興整備措置要綱（1977 年）、

7　村上博『広域行政の法理』（成文堂、2009 年）3 頁は、行政事務としての「広域行政」と、広
　域行政の手法に係る政策論としての「広域行政論」を区別する。本稿もこれに従う。

8　この府県制案については、田中二郎ほか編『府県制度改革批判─地方制度調査会の答申をめ
　ぐって』（有斐閣、1957 年）を参照。

9　道州制をめぐる議論を整理し、その問題点とその克服のための課題を提示するものとして、
　渡名喜・前掲注（6）105 頁以下を参照。

10　地方自治法制定後の 28 年間の府県制や市町村合併の動向を含めた地方自治制度の展開過程
　を簡潔に整理したものとして、佐藤功『日本国憲法の課題』（学陽書房、1976 年）208〜217 頁
　を参照。

11　1953 年の町村合併法から 1979 年の新広域市町村圏計画策定要綱までの広域行政論を簡潔に

新広域市町村圏計画策定要綱（1979 年）、ふるさと市町村圏推進要綱
（1989 年）に基づき、一部事務組合、協議会や広域連合といった地方自
治法上の広域連携のための仕組みを用いて圏域による事務処理が行わ
れてきた。[12]

　4）　広域行政を市町村間の広域連携を用いて処理するのではなく、
単一の市町村で行うべきことを企図したのが、第 25 次地方制度調査会
による「市町村の合併に関する答申」（1998 年）であった。この答申は、
第 1 次地方分権改革後の事務の受け皿として、市町村が、「自己決定・
自己責任の原則」に基づき自立することを強く要請するわけであるが、
生活圏・経済圏の拡大に伴う広域行政については、地方自治法上の広
域連携よりも、「総合的な行政主体として、地域の課題を包括的に可決
するという観点からは、市町村の合併により、意思決定、事業実施等
を単一の団体が行うことが効果的である」としていた。また、同答申
は、合併が困難となる市町村が生じることを想定しており、「都道府県
や広域行政制度による市町村行政の補完、代行、支援」の必要性に言
及している。

⑵　広域連携の位置づけとその法整備
1）　第 27 次地制調答申─平成の大合併と住民自治の形骸化への対処

　第 27 次地制調「今後の地方自治制度の在り方に関する答申」（2003
年）は、1997 年から始まった平成の大合併をさらに推し進めることを
提言していた。[13]したがって、第 27 次地制調は、第 25 次地制調と同じ

整理したものとして、室井力・原野翹『新現代地方自治法入門〔第 2 版〕』（法律文化社、2003
年）25〜27 頁参照。

12　村上博「広域連合と一部事務組合」村上博・自治体問題研究所編『広域連合と一部事務組
合─広域行政でどうなる市町村』（自治体研究社、1999 年）179 頁以下が、広域市町村圏の成立
前後から広域連合の制度化に至る経緯を整理しその問題の所在について検討を加えている。

13　同答申は明言しているわけではないが、この時点でさらに市町村合併を推進しようとした
のは、おそらく、西日本で合併が比較的促進された一方、東日本ではそれほど進まなかったこ
とや、また、300 万人を超える市と人口 200 人の村が混在するなど 47 都道府県で市町村の規模
にばらつきがあることにその理由があると推測される。

く、総合行政主体として相応しい市町村の範囲と規模を市町村合併によって作り出し、広域行政を単一の総合行政主体である市町村が担当することを目指していたといってよいであろう。この一方で、第 27 次地制調答申では、市町村合併により、規模が大きくなった市町村における住民自治の形骸化への対処として地域自治組織の制度化が提言されている。都道府県が関わる手続で市町村合併を行う仕組みの創設や地方自治法上の広域連携の仕組みの活用が提言されているが、その対象は合併が困難な市町村であって、広域連携の位置づけは、なおも限定的なものとなっている。同答申はさらに、市町村合併の推進によって都道府県の役割が縮小することを指摘し、道州制や都道府県連合の提案も行っている。第 27 次地制調答申に基き、2004 年に、地方自治法が改正され地域自治区が、合併特例法改正によって合併特例区も法定された。

2)　第 29 次地制調答申—平成の大合併の区切りと広域連携への回帰

第 28 次地制調「道州制のあり方に関する答申」(2006 年) 後に、第 29 次地制調は「今後の基礎自治体及び監査・議会制度の在り方に関する答申について」(2009 年) を公表した。同答申は、「市町村合併は相当程度進捗した」との認識を示す一方、「市町村合併の状況には地域ごとに大きな差異が見られ」ること、小規模市町村とされる「人口 1 万未満の市町村は 471 団体存在」すること、「大都市圏においては、市町村の合併の進捗率が低く、面積が小さな市町村が数多く存在」することが指摘されている。第 29 次地制調は、同答申で、「総合行政主体」を維持することを明示していることから、平成の大合併をさらに推し進める選択もあったはずであるが、「平成 11 年以来の全国的な合併推進運動については、現行合併特例法の期限である平成 22 年 3 月末までで一区切りとすることが適当である」した。

第 29 次地制調答申が平成の合併の推進を一区切りとした理由は判然としないが、その関心を市町村合併から広域連携へと重点を移してい

る。すなわち、市町村の事務処理のあり方として、「市町村合併による行財政基盤の強化のほか、共同処理方式による周辺市町村間での広域連携や都道府県による補完などの多様な選択肢を用意した上で、それぞれの市町村がこれらの中から最も適した仕組みを自ら選択できるようにすべき」として、広域連携を選択肢として明確に位置づけるに至った。広域連携に重点を移した理由は、平成の大合併を一区切りつけた後の、人口1万人未満の小規模自治体や大都市圏での「面積が小さな市町村」の存在にあるようにも思われる。おそらく、同答申は、これらの地方自治体が総合行政主体になり得ず、これらの自治体の区域に居住する住民への行政サービスを提供する体制を維持することができないという認識のもとで、これらの自治体に対して、一部事務組合や広域連合、協議会、機関等の設置や事務の委託などの地方自治法上の広域連携を選択肢として示したと解される。したがって、第29次地制調答申の関心は、生活圏・経済圏と市町村の範囲を一致させることにあるのではない、ということになる。同答申は、「地方創生」の一手段として位置づけられている「定住自立圏構想推進要綱」(2008年)に基づく定住自立圏も活用することを提言していることからも、中心市とは区別される周辺市町村の行政サービス提供体制を圏域の形成を通じて維持していこうとの意欲も見て取れる。このことからすると、第29次地制調が広域連携の活用を提唱した意図は、総合行政主体論や市町村の「フルセット行政」論からの脱却を目指し始めたということにあるといってよいであろう。

3)　第30次地制調答申─連携協約の法制化

　第30次地制調「大都市制度の改革及び基礎自治体の行政サービス

14　本多滝夫「地方創生と自治体間連携」日本地方自治学会『地方創生と自治体《地方自治叢書29》』(敬文堂、2018年) 42頁は、総務省『「平成の合併」について』(2013年) において、総務省が「市町村合併から市町村間連携への政策を転換した」としている。

15　定住自立圏構想の内容とその問題点について検討したものとして、村上博「定住自立圏構想の現況と課題」自治と分権42号 (2011年) 51頁以下参照。

提供体制に関する答申」（2013 年）は、わが国が少子高齢化の進行によって人口減少社会の段階にあることを明らかにし、かかる社会において「全国の基礎自治体が人々の暮らしを支える対人サービスをどのような形で持続的に提供していくかが」課題であるとする。同答申は、この課題への取り組みの内容は、三大都市圏（東京圏、関西圏、名古屋圏）、三大都市圏以外の地方中枢拠点都市を核とする圏域、「地方圏のうち地方中枢拠点都市を核とする圏域以外の地域」で異なるとする。

　まず、「三大都市圏以外の地方圏においては、地方中枢拠点都市を核に、産業振興、雇用確保、広域観光、高度救急医療、介護、障害者福祉、広域防災、人材育成等の分野において、都市機能の『集約とネットワーク化』を図っていくことが重要である」こと、「地方中枢拠点都市を核とする圏域以外で定住自立圏施策の対象となりうる地域においては」、「都市機能の『集約とネットワーク化』の取組を一層促進する」必要があり、そのためには、「地方中枢拠点都市の担うべき役割を整理」し、「その上で、圏域における役割に応じた適切な財政措置を講じる必要がある」とする。「三大都市圏においては、規模・能力は一定以上あるが昼夜間人口比率が 1 未満の都市が圏域内に数多く存在するため」、「各都市が異なる行政サービスや公共施設の整備等に関して、水平的・相互補完的、双務的に適切な役割分担を行うことが有用であり、そのような水平的役割分担の取組を促進するための方策を講じるべきである」とする。都道府県の役割については、「小規模な市町村などで処理が困難な事務が生じた場合において、地方中枢拠点都市や定住自立圏の中心市から相当距離がある等の理由から、市町村間の広域連携では課題の解決が難しいときには、当該市町村を包括する都道府県が、事務の一部を市町村に代わって処理する役割を担うことも考えられる」としている。

　第 30 次地制調は、地方圏においては中枢拠点都市と周辺市町村による広域的な圏域を「集約とネットワーク化」を通じて形成し、三大都

市圏では「水平的・相互補完的、双務的に適切な役割分担」によって、小規模自治体については都道府県による補完を通じて、持続可能な行政サービスの提供を実現しようとする。[16]これを具体化する方法として、一部事務組合、広域連合、協議会、機関との共同設置、事務の委託よりも、弾力的な柔軟な広域連携の制度が必要であるとしている。この答申での提言を踏まえて、2014年に地方自治法が改正され、連携協約と事務の代替執行が法定されることとなった。また、地方圏においては中枢拠点都市と周辺市町村による広域的な圏域を形成する方策として、「まち・ひと・しごと総合戦略」（2014年）に基づき、連携中枢都市圏構想推進要綱が策定されている。

4）　第31次地制調答申─総合行政主体論の放棄

　第31次地制調「人口減少社会に的確に対応する地方行政体制及びガバナンスのあり方に関する答申」（2016年）でも、引き続き、わが国が「人口減少局面」にあるとの認識が示されたうえで、地方行政体制のあり方にとって、地域社会の持続可能性が重要な課題と位置づけられている。同答申は、この課題に取り組むために、市町村の「地域経営の主体」性を強調したうえで、「人口減少社会において、高齢化や人口の低密度化等により行政コストが増大する一方で資源が限られる中で、行政サービスを安定的、持続的、効率的かつ効果的に提供するためには、あらゆる行政サービスを単独の市町村だけで提供する発想は現実

16　以上のような圏域の形成は行政サービスの提供のためだけではない。閣議決定された『「日本再興戦略」改訂2014─未来への挑戦』（2014年）は、「人口減少の厳しい現実の下で、活力ある地域経済社会を構築するには、まず、人口動態を踏まえた共通認識の醸成が必要である。人口減少の下で右肩上がりの時代と同じ地域戦略を採用することは、効果がないばかりか、共倒れを招きかねない。具体的には、医療介護等の公的サービス、都市機能、グローバルに競争力のある地域企業を核とした産業が、地域の中核的な都市に集積すると同時に、大都市圏、中枢都市及びその周辺地域の内外で人や情報の交流・連携を拡大し、ネットワークによる機能補完を通じて広域的な地域の存続を目指す必要がある」としていた。この点も含めて、安倍政権下における成長戦略を批判的に検討したものとして、岡田知弘「安倍政権の成長戦略と『自治体戦略2040構想』」白藤博行ほか著『『自治体戦略2040構想』と地方自治』（自治体研究社、2019年）53頁以下参照。

的ではな｜いとして、総合行政主体論あるいは「基礎自治体」としての市町村の「フルセット行政」論を放棄することを明示した。この立場からすると、三大都市圏以外の地方圏では、「地域経営の主体」としての、地方中枢拠点都市ではない市町村が、行政サービスを持続的に提供するために広域連携を活用し、地方中枢拠点都市との圏域の形成に取り組み、あるいは、形成された圏域に参加することが要請されることとなる。第 31 次地制調答申では、その圏域形成の手段として連携中枢都市圏が想定されている。そして、この連携中枢都市圏に参加する、地方中枢拠点都市ではない市町村の事務を圏域に吸い上げ、さらに、都道府県の事務をこの圏域に吸収して、圏域で行政サービスを提供することが想定されている。広域連携が困難な地域は都道府県による「補完」が想定されている。行政サービスの提供のうち、窓口業務については民間委託や地方独立行政法人に委託することも提言されており、行政サービスを地方自治体以外で提供する方策も提案されている。[17]

2　第 32 次地制調における広域連携論の法構造

(1)　2040 構想の内容

　2040 構想研究会は、2040 構想において、「少子化による急速な人口減少と高齢化という未曽有の危機」においては、「人口増加を前提としてきた制度や運用」ではなく、「人口減少時代に合った新しい社会経済モデル」を提示する必要があるとし、そのモデル提示のために「取り組むべき対応策をバックキャスティングに検討」した結果、地方自治体は、「スマート自治体への転換」、「公共私によるくらしの維持」、「圏域マネジメントと二層制の柔軟化」および「東京圏のプラットフォーム」の四つの課題に取り組むべきとする。[18]

17　地方自治体の窓口業務については、2017 年の地方独立行政法人法改正により、同法人への委託が可能となった。

18　この 2040 構想について検討を加えたものとして、村上博「自治体戦略 2040 構想研究会『第一次・二次報告』と地方自治」自治と分権 74 号（2019 年）66 頁以下および白藤博行ほか・前

　本稿との関係で問題となるのは、「圏域マネジメントと二層制の柔軟化」である。[19] 2040 構想は、第 31 次地制調が明示した総合行政主体論あるいは市町村の「フルセット行政」論からの脱却をあらためて確認したうえで、都市機能を集積した中心都市を核とする圏域単位で標準化された行政サービスを提供すべきとする。そのための法制度の課題として、「個々の制度に圏域をビルトインし、連携を促すルール作り」を提案している。「都道府県・市町村の二層制の柔軟化」については、圏域内の行政は広域連携を活用した市町村連携が担うが、都道府県には圏域を形成できない市町村の「補完」を求めるとする。

　2040 構想は、「圏域マネジメント」と「都道府県と市町村の二層制の柔軟化」というフレーズを使って、第 27 次地制調から第 31 次地制調答申までに示された内容を整理し直したものといえよう。ただし、2040 構想は、第 31 次地制調答申では明示されていなかった、地方自治体行政の標準化・共通化の必要性と、地方自治体を公共私相互間の協力関係を構築する「プラットフォーム・ビルダー」へと転換すべきことを掲げている。

⑵　第 32 次地制調答申
1）「市町村合併についての今後の対応方策に関する答申」の内容
　第 32 次地制調は、「2040 年頃から逆算し顕在化する地方行政の諸課題とその対応方策についての中間報告」（2019 年 7 月）に続けて、「市町村合併についての今後の対応方策に関する答申」（2019 年 10 月）を公表した。そこでは、「自主的な市町村合併という手法は、行財政基盤

掲注（16）など参照。
19　2040 構想の「圏域マネジメントと二層制の柔軟化」について検討を加えたものとして、本多滝夫『「圏域マネジメントと二層制の柔軟化」による「二層制のスポンジ化」』住民と自治 671 号（2019 年）36 頁以下、平岡和久『人口減少と危機の中の地方行財政―自治拡充型福祉国家を求めて』（自治体研究社、2020 年）125 頁および小原隆治「自治体戦略 2040 構想をめぐる論点」住民と自治 670 号（2019 年）15〜16 頁参照。

を強化するための手法の一つとして引き続き必要であり、さらに、今後、急速に人口減少と高齢化が進行することが見込まれる中にあって、地域によっては、行財政基盤を中長期的に維持していくための手法として検討することも考えられる」とし、「地域の枠を越えた基礎自治体による行政サービスの提供体制については、引き続き、各市町村において、基礎自治体として担うべき役割を踏まえ、自主的な市町村合併、市町村間の広域連携、都道府県による補完などの多様な手法の中から最も適したものを自ら選択できるようにすることが適当である」として、「地域の枠を越えた基礎自治体による行政サービスの提供体制」の一つとして市町村合併という選択肢を残すことにしている。市町村合併については、市町村の行財政基盤の強化手法としての側面を強調していることが確認できる。

　2）「地方行政体制の在り方等に関する答申」の内容

　第 32 次地制調は、2020 年に、「2040 年頃から逆算し顕在化する諸課題に対応するために必要な地方行政体制の在り方等に関する答申」を公表した。第 32 次地制調答申は、2040 年頃に「人口構造やインフラ・空間に関する変化に伴い、日常生活に支えを必要とする人や適切な管理・更新が求められるインフラの需要が増加する一方、支える人材が減少するギャップにより、多様な分野において課題が顕在化する」という。そこでは、「資源制約」の中で、市町村が政策の優先順位をどのように序列化するのか、「組織や地域の枠を越えた連携等により資源制約を乗り越えることができるか」という問題につき、「市町村が、地域の置かれた状況に応じて自ら判断し…対応を選択していくこと」が求められるというのである。

　同答申は、このような課題に対処するために、地方自治体が、「地方行政のデジタル化」、「公共私の連携」と「地方議会への多様な住民の参画」とともに、「地方公共団体の広域連携」に取り組むべきである[20]

20　第 32 次地制調は、その中間報告で圏域という用語を用いていない。この点につき、本多滝

とする。

　同答申における「地方公共団体の広域連携」の特徴については以下のように整理できる。

① 事務処理の執行段階と計画段階の広域連携

　第32次地制調答申は、「持続可能な形で地域において住民が快適で安心な暮らしを営んでいくことができるようにするために」、前述したように、市町村が他の地方自治体と連携することを求めるが、かかる広域連携の課題の一つとして、計画段階の広域連携の活用を挙げる。執行段階における広域連携については、職員の派遣、事務の代替執行、機関の共同設置などの手法が現に活用されているが、「広域連携の取組の円滑な実施のためには、地方公共団体の事務処理の計画段階、すなわち、他の地方公共団体と連携する取り組みを行う必要性を検討し、合意を形成していく過程に着眼する必要がある」というのである。この計画段階の合意形成につき、行政機関相互間での合意形成にとどまらず、連携市町村の議会の参画の必要性も強調する。

② 定住自立圏・連携中枢都市圏の形成と参画を担保する仕組み

　第32次地制調答申は、広域連携の手法について、「最も適したものを市町村が自ら選択することが適当である」とするが、地方圏における広域連携の枠組みとしては、もっぱら定住自立圏と連携中枢都市圏の二つを挙げる。

　同答申は、「広域的な産業政策、観光振興、災害対策」などについて

夫「ステルス化した『圏域マネジメント』論と『トロイの木馬』」住民と自治679号（2019年）38頁は、「中間報告には『圏域』を実体化する制度設計の具体的な提案はありません。それどころか『圏域』という用語の使用が抑制」されているものの、「新たな『地方公共団体の協力関係』は、現在進められている広域連携の枠の延長にとどまるかのような見せ方をし、『圏域』に対する警戒を解こうとしているかのよう」としている。本多滝夫「シリーズ　第32次地方制度調査会答申を読み解く　第2回　広域連携」住民と自治690号（2020年）31頁は、「地方行政体制の在り方等に関する答申」でも圏域という用語が用いられていないことにつき、「比較的抵抗感の小さい『広域連携』の下で、実質的に『圏域』の形成を進め、圏域の中心都市のマネジメント力を高めることを目的とした提案、さらには市町村合併をも射程において提案をしている」と述べる。

は、連携計画を作成する市町村（連携計画作成市町村）と関係市町村との間で合意形成がなされて、定住自立圏と連携中枢都市圏の取り組みがすすめられているものの、「施設・インフラ等の資源や専門人材の共同活用による住民の生活機能の確保、広域的なまちづくりなど」については合意形成が容易ではないため、定住自立圏・連携中枢都市圏の取り組みが十分ではないと評価している。そのため、定住自立圏・連携中枢都市圏の枠組みにおいて、連携計画作成市町村と関係市町村との間で、連携計画を作成するための「合意形成過程のルール」および関係市町村の「十分な参画を担保する仕組み」を法制化することを提言している。これに加えて、「他の区域の共や私の担い手」についても参画の確保が求められるとする。

　このほか、定住自立圏・連携中枢都市圏という圏域が個別行政領域における計画を策定できるようにすることも求めている。

③　三大都市圏の市町村の広域連携

　第 32 次地制調答申は、三大都市圏の市町村の広域連携としては、その地域的特性から、定住自立圏や連携中枢都市圏の枠組みを用いるのではなく、市町村間の相互補完的・双務的な役割分担に基づく広域連携を活用することを提案するが、この相互補完的・双務的な役割分担に基づく広域連携の具体的な手段について明示してはいない。[21]

④　市町村の広域連携と都道府県の役割

　第 32 次地制調答申は、地方分権改革の結果、「都道府県はかつてのように幅広く市町村の補完・支援に取り組んでいる状況にない」との認識を示す一方、他方で、定住自立圏・連携中枢都市圏以外の市町村間の広域連携の補完・支援を行う役割が残されているとする。そして、市町村の広域連携によっても行政サービスの提供が困難である場合に、

21　本多・前掲注（20）33 頁は、第 32 次地制調「市町村合併についての今後の対応方策に関する答申」がいう「今後、急速に人口減少と高齢化が進行する」地域が三大都市圏を意味するとしている。そうだとすると、ここでの、相互補完的・双務的な役割分担としての広域連携の一つとして市町村合併が想定されているとも解される。

市町村が、都道府県に対して連携協約に基づく役割分担の協議を要請できる仕組みの法制化を提言している。

(3) 若干の検討

第32次地制調答申における広域連携論についてはさしあたり以下のことが指摘できる。

第一に、広域連携と市町村合併との関係である。地方自治法は、その制定当初から、広域連携の仕組みを用意しており、この仕組みは拡充されてきた。地方自治法上の広域連携とは別に、平成の大合併以前から、広域市町村圏という圏域の形成がすすめられてきたことも周知の通りである。このような中で、第25次地制調は、第1次地方分権改革の実施段階において、分権化された事務の処理につき、広域市町村圏の活用や地方自治法上の広域連携手法の充実化という選択肢もあったにもかかわらず、市町村合併を提言したのは、広域市町村圏による圏域の形成と第1次地方分権改革による事務の分権化によって、市町村合併を推進ないし誘導する条件が整ったとの判断に基づいていたものと考えられる[22]。そうであるとするならば、地制調が、平成の大合併から第32次地制調答申に至るまで、定住自立圏・連携中枢都市圏の枠組みと広域連携手法の活用を提言し、さらに、第32次地制調が合併特例法の期限延長を提言した意図は、小規模自治体や、合併が十分に進まなかった三大都市圏での市町村合併のための条件整備のためと捉えることも可能である[23]。

第二に、地方自治体の事務の標準化・統一化とのかかわりも指摘し

---

22 室井・原野・前掲注（11）27頁は、広域市町村圏構想につき「道府県知事により広域市町村圏を設定し、一律に市町村から住民生活に関わる事務を広域圏に吸い上げるなど、市町村の自治に基づく共同処理というより集権的地方再編の試み」と位置づけていたことが想起されるべきであろう。

23 本多・前掲注（20）33頁参照。本多滝夫「『地方創生』と連携中枢都市圏構想を問う」自治と分権59号（2015年）50～51頁は、連携中枢都市圏が広域合併にすすんでいく可能性や定住自立圏が広域合併の下地になるおそれを指摘する。

ておく必要がある。この事務の標準化・統一化は、行政のデジタル化のためのものであるが[24]、広域連携の容易化の機能も果たすと考えられる。定住自立圏・連携中枢都市圏や三大都市圏で市町村が連携したとしても、市町村の区域に居住する住民の権利利益の性質や内容に合わせて調整された事務につき、住民の権利利益の擁護実現に相応しい方法で、市町村が共同で処理することが困難であるからである。地方自治体の事務を、当該区域の住民の権利保障のあり方を無視ないし軽視して、標準化・統一化するということは、事務の提供主体の便宜に過ぎないといわざるをえない。

　したがって、地方自治体の事務の統一化・標準化の要請は、地方自治体が住民の権利利益の擁護実現のために存在するという、その公共性の放棄を意味し、自治体を、統治団体ではなく、単なるサービス提供主体ないしは事業主体として捉えていることを前提としているといってよいであろう[25]。これは、地方自治体と住民との関係を、商品を提供する企業と商品を購入する消費者の関係として捉え直そうとするものともいえる。かかる関係性においては、消費者（＝住民）にとって、商品（＝行政サービス）の提供者は誰でよい（自らの居住する自治体でも、中核となる都市のいずれでも）とみなされ、サービス提供主体を通じて、自らが欲しいものと同じものが手に入ればよく、欲しいものが提供されなければ、その代わりになるもので埋め合わせればよいということになる。このような関係性には、もはや自治も民主主義も存在しない。

24　行政のデジタル化に伴う問題につき包括的に検討を加えているのものとして、白藤博行・自治体問題研究所編『デジタル化でどうなる暮らしと地方自治』（自治体研究社、2020年）参照。

25　地方自治体は事業主体としての法的地位を有するが、これ以外にも法的地位は認められる。この点については、塩野宏「地方公共団体の法的地位論覚書」同『国と地方公共団体』（有斐閣、1990年）1頁以下参照。ただ、地方自治体の統治団体としての法的地位について、木佐茂男「連邦制と地方自治をめぐる法制度と実務の比較考察」公法研究56号（1994年）56～57頁は「諸外国における最近の憲法の発展からしても、地方自治体＝統治団体という理解は正当な理解であると考えられる。しかし、現実に、国・都道府県・市町村が法的に対等な〈統治団体〉であるというときの意味合いは判例上も学説上もなお明確になって」いないとしている。

　第三に、事務処理の計画段階の広域連携の活用についてである。計画段階における広域連携の活用は、すでに、定住自立圏構想推進要綱や連携中枢都市圏構想推進要綱で用いられているものである。行政の執行段階のみでの広域連携よりは、計画段階さらには議会も含めた合意形成に基づく広域連携が行われれば、広域連携の対象の範囲も広がるし、事務の円滑な実施も可能となる。しかし、上記の要綱は、中核となる都市が連携計画を策定し、関係市町村と協議するというものである。このような仕組みの中で、「地域の未来予測」に基づき議会も含めた合意形成が行われるということは、行政過程のみならず、周辺市町村の政治が、中核となる都市のそれに組み込まれていく可能性を否定できないであろう。[26] そして、これによって、都市機能が集積された中核となる都市が政策立案機能を担い、関係市町村はこれに基づき事務の執行を行うという図式が用意されることとなる。第32次地制調が提案する広域連携の仕組みに集権化を読み取ることは容易であろう。

　第四に、連携協約の活用の意図についてである。定住自立圏構想推進要綱および連携中枢都市圏構想推進要綱は、定住自立圏や連携中枢都市圏につき、地方自治法の連携協約を締結して形成される圏域と定めており、これらの圏域を形成するために、市町村は連携協約の利用を強制される。第32次地制調答申は、かかる圏域以外の場面でも、連携協約の活用を提言している。

　地方自治法は連携協約の記載事項について具体的に規定していないため、連携協約に定める内容について地方自治体の判断の余地は広く、また、その締結手続において組合や協議会といった別組織を設立する必要がない。その意味で、連携協約は、これを締結するだけで事務処理ができるわけではなく、地方自治法上の他の広域連携の手法や条例

26　榊原秀訓「第32次地方制度調査会答申から見る国の自治体戦略」自治と分権81号（2020年）47頁は、第32次地制調答申における広域連携の法制度化・財政措置による誘導が、圏域形成の事実上の強制につながると考えられるとする。

の制定などが必要となるものの、地方自治体間の広域連携を容易化する仕組みであるとはいえるであろう。この連携協約は、調停とは異なる独自の紛争処理システムを有しており、連携当事者である地方自治体は、双方の同意がなくとも、自治紛争処理委員に処理の方策を求めることができることとなっており、処理方策の提示がなされたときは、これを尊重することが求められることとなる（自治251条の3の2第6項）。連携当事者にとってみれば、早期に紛争解決を図ることができるというメリットを見出すことができるが、国の立場からすると、地方自治体が処理方策の指示に従わない場合には、地方自治法の是正の要求（245条の5）や是正の指示（245条の7）をすることができる点にメリットがあるともいえる。

　第五に、市町村の広域連携と都道府県の役割との関係である。地方自治法2条5項が規定する事務、すなわち、「広域にわたるもの」、「市町村に関する連絡調整に関するもの」および「その規模又は性質において一般の市町村が処理することが適当ではないと認められるもの」は、都道府県が「市町村を包括する広域の地方公共団体」（自治2条5項）であることを前提に編成された事務である。第32次地制調は、前述したように、「都道府県はかつてのように幅広く市町村の補完・支援に取り組んでいる状況にない」ということを明言しており、都道府県を上記の事務を担当する「市町村を包括する広域の地方公共団体」と捉えていない。市町村合併が進み、広域連携によって圏域がさらに形成されることで、合併で広域化された市町村も、連携中枢都市も「その性質において一般の市町村が処理することが適当ではないと認められているものについて、当該市町村の規模及び能力に応じて、これを処理」（自治2条4項）すればよい、ということになる。かくして、合併した市町村に、あるいは都道府県の区域を越えて連携を実現した市

27　本多滝夫「自治体間の広域連携と連携協約制度：連携協約を『条約』に擬える意味」龍谷法学48巻1号（2015年）47頁は、連携協約の紛争処理手続を「連携協約の罠」と称する。

町村に、都道府県の権限の委譲が可能な限り進められると、都道府県の役割は小規模自治体の「補完機能」に限定されることとなる。この「補完機能」を果たす方法としては連携協約の手法の活用が考えられているため、小規模自治体と都道府県の一体化が進むこととなる。都道府県の「広域調整機能」も合併や連携を促すためのものでしかなく、この機能を、いずれ圏域の中核となる都市が担うこととになる。広域連携は府県制の廃止の条件整備となる可能性も否定できない。

おわりに―地制調広域連携論の克服のための法的課題

　地制調の広域連携論の基調は、これが道州制導入に発展するか否かはさておき、市町村の広域連携の徹底によって圏域を形成し、そして、集権化を図り、その結果、存在意義の希薄化した府県制の廃止を目指す、ということになろう。

　地方自治体の区域には、その区域独自の自然的社会的特性があるのであり、それに応じて、経済のあり方も異なる。これらの特性に応じて、そこに居住する住民の権利保障のあり様も必然的に異なるはずである。地方自治体は、その区域の特性に応じた、住民の権利利益を擁護実現するための事務を担当する。ここに「国と相似形ではない」地方自治体の存在理由を見出せるように思われる。[28] かかる事務は、国が担当するには相応しいとはいえない事務だからこそ、地方自治体に団体自治が保障されなければならないし、住民自治が実現されなければならない。地制調が目指す広域連携は、定住自立圏であれ、連携中枢都市圏であれ、憲法が保障する住民自治と団体自治の形骸化をもたら

28　白藤博行『新しい時代の地方自治像の探究』（自治体研究社、2013年）50頁以下は、「『基礎的自治体』」につき、「住民に最も身近な自治体として、憲法から直接に、当該区域の住民の基本的人権の保障にかかわるすべての事務処理について、任務・権限を付与されているかぎり、特段の法的根拠なしに、自己の条例に基づいて行政活動ができる『地域的統治団体』」であり、それは、「国と相似形でない」「地域的統治団体」あるいは「地域における総合的な行政主体」と位置づける。

し、結果として、圏域を形成する市町村の区域に居住する住民に相応しい権利利益の保障を十全に行うことができなくなる。そうだとすると、地制調が提言する市町村合併や広域連携が、市町村の「自主性」を前提に選択されたものだとしても、あるいは、市町村が「自主的に」事務処理を他の地方自治体に委ねたのだとしても、その「自主的な」選択が、憲法92条の地方自治の本旨に抵触する場合があると解する余地が見出せるように思われる。このことは、基礎的自治体としての市町村のみならず、広域の地方自治体としての都道府県にも当てはまると解される。

　いずれにしても、住民の権利利益を保障することにこそ地方自治および地方自治体の存在理由があるという視点から、地方自治法の広域連携の仕組みと課題を精査し、これを地方自治の保障に資するように再構成することが今後の課題となる。

第 8 章

連携中枢都市圏の現状と課題

中山　徹

はじめに

　第 32 次地方制度調査会答申（以下、「地制調答申」）では、「目指すべき地方行政の姿」として、「地方行政のデジタル化」、「公共私の連携と地方公共団体の広域連携」、「地方議会への多様な住民の参画」を掲げている。そして広域連携の内容として、一つは、各種行政施策を連携して実施し、さらに都市構造の転換、スマートシティ化などのまちづくりにも連携して対応すべきとしている。もう一つは、公共施設やインフラ、専門人材の共同活用である。そして、定住自立圏と連携中枢都市圏を、これらの政策を進める具体的な動きとし「相当程度進捗した段階にある」と評価している。

　そこで本稿では、連携中枢都市圏がどのような状況にあるのかを見た上で、連携中枢都市圏の進捗状況を評価する。そして広域連携との関係で連携中枢都市圏の評価を試みつつ、連携のあるべき方向性を考える。

1　連携中枢都市圏の状況

(1)　連携中枢都市圏の概要

　2013 年 6 月の第 30 次地方制度調査会答申で地方中枢拠点都市を核とした広域連携の必要性が示された。そして翌 14 年 5 月に地方自治法が改正され新たな広域連携を進めるため「連携協約」が創設された。さらに 2014 年 12 月に「まち・ひと・しごと創生総合戦略」で新たな

広域連携が連携中枢都市圏に統一された。

　連携中枢都市圏の目的はおおよそ以下のようになっている。人口減少、高齢化が進むと、行政の財政事情も厳しくなる。そのため、市町村が個別に、地域を活性化し、行政水準を保つのは難しくなる。そこで圏域の中心都市と近隣の市町村が連携することで、限られた財源を効率的に活かそうというのが目的である。

　連携中枢都市圏を進めるためには、まず、一定の条件を満たした都市（原則として三大都市圏外にあり、昼夜間人口比率が100を越えている指定都市、中核市）が「連携中枢都市宣言」を行う。この都市を連携中枢都市と呼ぶ。そして、連携中枢都市と周辺の市町村（連携市町村）が個別に、一対一で連携協約を締結する。この連携協約には、具体的に何を連携して進めるかを定める。連携協約は一対一で締結するため、同じ連携中枢都市が結ぶ連携協約であっても内容は異なる。

　この連携中枢都市と連携市町村の範囲が連携中枢都市圏となる。そして連携中枢都市が、連携中枢都市圏の将来像、連携協約に基づいて進める具体的な取り組み内容を明記した連携中枢都市圏ビジョンを定め、それに沿って施策を進める。

(2)　連携中枢都市圏の候補

　2014年度時点で連携中枢都市の要件に該当する市は61市、存在していた。当初は、先に挙げた条件を備えた都市のみで考えていたが、その後、隣接する二つの市（各市が昼夜間人口比率1以上かつ人口10万人程度以上の市）の合計人口が20万人を超え、かつ、両市が概ね1時間以内の交通圏にある場合、これらの2市が連携中枢都市となり、連携中枢都市圏を形成できると変更した。この基準に該当する圏域がどの程度存在するかは分からないが、2020年11月時点で、2市が連携中枢都市となり連携中枢都市圏を形成したのは、「とやま呉西圏域（高岡市、射水市）」と「山口県央連携都市圏域（山口市、宇部市）」の2圏域

である。

(3)　連携中枢都市圏の施策内容

　連携中枢都市圏で進める施策は、「圏域全体の経済成長の牽引」「高次の都市機能の集積・強化」「圏域全体の生活関連機能サービスの向上」に大別されている。前二者は連携中枢都市が実施すると想定されている。「連携中枢都市圏構想推進要綱」では以下のようにその具体的な内容を示している。

　「圏域全体の経済成長の牽引」は、「産学金官民一体となった経済戦略の策定、国の成長戦略実施のための体制整備」「産業クラスターの形成、イノベーションの実現、新規創業促進、地域の中堅企業等を核とした戦略産業の育成」「地域資源を活用した地域経済の裾野拡大」「戦略的な観光施策」の４項目に分かれ、その具体的な内容を複数、例示している。

　「高次の都市機能の集積・強化」は「高度な医療サービスの提供」「高度な中心拠点の整備、広域的公共交通網の構築」「高等教育・研究開発の環境整備」の３項目に分かれ、各々の具体的な内容が例示されている。

　「圏域全体の生活関連機能サービスの向上」は、さらに「生活機能の強化に係る政策分野」「結びつきやネットワークの強化に係る政策分野」「圏域マネジメント能力の強化に係る政策分野」に大別されている。そして「生活機能の強化に係る政策分野」は、「地域医療」「介護」「福祉」「教育・文化・スポーツ」「土地利用」「地域振興」「災害対策」「環境」の８項目に分けられ、各々について具体的な内容が示されている。「結びつきやネットワークの強化に係る政策分野」「圏域マネジメント能力の強化に係る政策分野」についても具体的な項目が示されている（項目については**図表8-1**を参照）。

　連携中枢都市圏ビジョンでは、以上の枠組みに沿って、具体的な内

図表 8-1 連携中枢都市圏ビジョンの内容

分 野	圏域全体の経済成長の牽引				高次の都市機能の集積・強化		
項 目	経済戦略の策定	戦略産業の育成	地域経済の裾野拡大	戦略的な観光施策	高度医療サービスの提供	中心拠点の整備	研究開発の環境整備
圏 域 数 割合(%)	28 84.8	30 90.9	31 93.9	31 93.9	20 60.6	29 87.9	24 72.7

分 野	圏域全体の生活関連機能サービスの向上							
	生活機能の強化							
項 目	地域医療	介 護	福 祉	教育・文化・スポーツ	土地利用	地域振興	災害対策	環 境
圏 域 数 割合(%)	27 81.8	13 39.4	33 100	26 78.8	7 21.2	23 69.7	24 72.7	26 78.8

分 野	圏域全体の生活関連機能サービスの向上							
	結びつきやネットワークの強化					圏域マネジメント能力の強化		
項 目	地域公共交通	ICTインフラ整備	インフラ整備・維持	地産地消	交流・移住促進	人材育成	行政及び民間人材確保	圏域市町村の職員交流
圏 域 数 割合(%)	20 60.6	12 36.4	12 36.4	9 27.3	28 84.8	29 87.9	3 9.1	3 9.1

圏域数：下関市連携中枢都市圏を除いた 33 圏域のうち項目の具体化を図っている圏域の数
割合：33 圏域に対する圏域数の割合
(出所：筆者作成)

容を決めることになる。

2 連携中枢都市圏の進捗状況

(1) 連携中枢都市圏の進捗状況

連携中枢都市圏が動き出したのは 2014 年で、西日本の動きが早かった。福山市は 2015 年 2 月 24 日に連携中枢都市宣言を行い、同年 3 月 25 日に連携協約を 5 市 2 町と結び、同日に連携中枢都市圏ビジョンを発表している。宣言からビジョン策定まで 1 ヵ月である。倉敷市も同年 2 月 17 日に連携中枢都市宣言を行い、同年 3 月 27 日に 6 市 3 町と連携協約を締結し、同日に連携中枢都市圏ビジョンを発表している。2014 年度中に連携中枢都市圏ビジョンを策定したのはこの二つである。

2015 年度中に連携中枢都市圏ビジョンを発表したのは姫路市、宮崎市、久留米市、盛岡市、金沢市、長野市、下関市、大分市、高松市、広島市、熊本市が各々連携中枢都市になった 11 圏域である。そして 2016 年度中には 10 圏域で連携中枢都市圏ビジョンが発表されている。

　順調に推移したのはこの年度までで、2017 年度、2018 年度は各々 4 圏域、2019 年度は 3 圏域、2020 年度は 11 月末時点でゼロになっている。

(2)　連携中枢都市圏の規模

　連携中枢都市圏を形成するのは連携中枢都市と連携市町村である。この数が最大の圏域は、広島市が連携中枢都市である「広島広域都市圏」で合計 24 市町である。次いで大きいのは「れんけいこうち広域都市圏（高知市）」で合計 21 市町村である。20 市町村を超えているのはこの 2 圏域である。市町村数 5〜9 が一番多く、全体の 50% になっている（**図表 8−2**）。

　県域内の人口を見ると、一番大きいのは「さっぽろ連携中枢都市圏（札幌市）」で 260 万人、次いで「広島広域都市圏」が 232 万人である。200 万人を超えているのはこの 2 圏域である。県域内の人口が 50 万以上 100 万未満が一番多く、17 圏域、全体の 50% である（**図表 8−3**）。

図表 8−2　連携中枢都市圏を構成する市町村数

市町村数	圏域数	割合(%)
4 以下	4	11.8
5〜9	17	50
10〜14	7	20.6
15〜19	4	11.8
20〜24	1	2.9
25 以上	1	2.9
合　計	34	100

市町村数は、連携中枢都市と連携市町村の合計
（出所：筆者作成）

図表 8−3　連携中枢都市圏内の人口

人口(万人)	圏域数	割合(%)
50 未満	9	26.5
50〜100	17	50
100〜150	6	17.6
150〜200	0	0
200〜250	1	2.9
250 以上	1	2.9
合　計	34	100

（出所：筆者作成）

図表8-4　連携中枢都市圏の推移

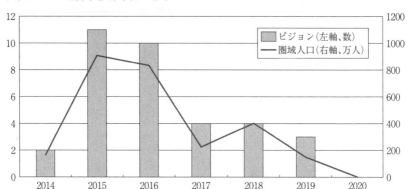

（出所：筆者作成）

(3)　連携中枢都市圏は失速か

　2020年11月時点で連携中枢都市圏ビジョンが策定されたのは34圏域、うち二つは2市が連携したものであり、1市で策定したのは32圏域となる。これは当初、連携中枢都市圏の候補と想定されていた61市の52.5%、ほぼ半分である。

　年度別に連携中枢都市圏ビジョンを策定した圏域数、その圏域内の人口を示したのが図表8-4である。棒グラフが圏域数、人口が折れ線グラフである。両方ともピークは2015年度、次いで2016年度となっている。

　2015年度、2016年度に作成された連携中枢都市圏ビジョン数は21、現在までに策定された連携中枢都市圏ビジョン数が34なので、61.8%がこの2年間に集中している。

　連携中枢都市圏内の総人口は2,673万人である。2015年度、2016年度に形成された連携中枢都市圏内の人口は1,739万人なので、総人口の65.1%になる。

　2020年4月時点で連携中枢都市宣言を行ったが、連携中枢都市圏ビジョンが未策定である市が2市ある。これら2市が2020年度中に連携

中枢都市圏ビジョンを策定するかどうか分からないが、連携中枢都市圏の候補のうち、ほぼ半数が未策定と言うことになり、策定数も減少傾向にある。鳴り物入りで始まった連携中枢都市圏であるが、策定状況については失速しているといえる。

3　連携中枢都市圏ビジョンの状況

(1)　圏域全体の経済成長の牽引

　連携中枢都市圏ビジョンは先に書いた「連携中枢都市圏構想推進要綱」に沿って作成されるため、構成はすべて同じである。ただし、要綱で示されたすべての項目を具体化するのではなく、各圏域で地域の実情に応じて施策の具体化を図っている。図表8-1は要綱で示された項目に対して、具体的な施策を明記している圏域数を数えたものである。ただし、下関市は1市で連携中枢都市圏を形成しているため、この表から除いた。また、項目はあげているものの、予算を明記していない場合は圏域数に含めていない。連携中枢都市圏ビジョンはほぼ毎年改定されるが、最新版を対象とした。

　図表8-1から連携中枢都市圏でどのような項目を重視しているかがある程度判断できる。「圏域全体の経済成長の牽引」には4項目示されているが、1項目を除き90％を越えている。連携中枢都市圏は地域の活性化を大きな目的としているため当然かと思われる。またこの分野は連携中枢都市が主として行うため、具体化が進みやすいといえる。

　中でも具体的な施策が多数並んでいたのは「戦略的な観光施策」である。広域的な観光ルートの設定、合同の観光プロモーション、インバウンドの推進、広域的集客イベントの開催などは取り組みやすく、多くの圏域で展開されていた。

　「地域経済の裾野拡大」も、第一次産業や伝統産業、ものづくりなどをはじめ、地域資源を活用した様々な取り組みが示されていた。また、農商工の連携なども多数見られ、中小企業の経営力強化、起業支

援、販路開拓、ブランド化の推進なども多く見られた。また、広域で企業誘致に取り組むという圏域も見られた。

(2)　高次の都市機能の集積・強化

「高次の都市機能の集積・強化」は、「圏域全体の経済成長の牽引」ほどではないが、ある程度具体化が進んでいる。特に「中心拠点の整備」は具体化率が高い。これはすでに計画、実施されている中心部の再開発などを位置づけている圏域が多かったためである。ここには「広域的公共交通網の構築」も含まれているが、「中心拠点の整備」ほどは具体化されていない。新たな公共交通整備というよりも、コミュニティバスの相互乗り入れなど、ソフト面の充実が多い。公共交通網の項目に広域道路ネットワークの形成を含めている圏域もあった。

「研究開発の環境整備」は、大学との連携による調査・研究の実施、企業ニーズに応える人材の育成を掲げている圏域が多く、一定の具体化が図られていた。

それら二つと比べ、「高度医療サービスの提供」は具体化されている圏域がやや少なかった。内容的には基幹病院と地域の拠点病院との連携を強める、基幹病院の救急救命機能の強化などが見られた。

(3)　圏域全体の生活関連機能サービスの向上

この分野はさらに三つに分かれ項目数も多い。すべての連携中枢都市圏ビジョンで具体化されている項目から、三つの圏域でしか記載されていない項目まで様々である。

「生活機能の強化」には8項目含まれているが、「介護」と「土地利用」を除くと比較的具体化されていた。「福祉」はすべての圏域で具体化が図られており、子育て支援関係、成年後見事業に関する内容が多かった。「教育・文化・スポーツ」も様々な施策が検討されており、スポーツ大会の共同誘致、イベントの共同広報、公共施設の相互利用な

どが多かった。「災害対策」では緊急時における広域搬送体制の確立、合同避難訓練等が多く見られた。「環境」は、圏域が河川沿いで形成されるなど、地形との関係が深い。そのため、流域で環境に関する啓蒙活動を行うなどが見られた。

　「介護」は具体的な施策が少なかった。地域包括ケアに関する研修会を広域で実施するなどであり、介護保険の広域運用に繋がるような施策はほとんど見られなかった。「土地利用」についてはほとんど具体的な施策が示されていなかった。書かれていたのは航空写真の撮影を共同で行うなどであり、地制調答申にあった「都市構造の転換」に繋がるようなものではなかった。

　「結びつきやネットワークの強化」には5項目含まれている。「交流・移住促進」は多くの圏域で具体化され、「地域公共交通」もある程度具体化されていたが、それ以外はあまり検討されていなかった。「交流・移住促進」は、Iターン、Uターン者に対する共同の広報活動、インターンシップの共同実施、空家バンクの共同運用等様々な施策が見られた。

　「圏域マネジメント能力の強化」は、3項目であるが、具体化されていたのは「人材育成」である。内容は合同の研修会開催、連携中枢都市が開催する研修会への参加などであった。

(4)　連携中枢都市圏ビジョンの全体的傾向
　連携中枢都市圏ビジョンの全体的傾向は以下のようにまとめられる。
　①経済活性化に関する内容はすべての圏域で重視されているが、生活に関する施策は具体化されている項目とほとんど検討されていない項目が見られた。
　②合同研修会、合同の情報発信、イベントの共同開催など、共同で進めやすい施策が多く見られた。
　③観光、交流・移住促進、地域経済の裾野拡大、環境など、広域で

取り組みやすい項目が多く見られた。

　④すでに進んでいる中心部の開発などを圏域の施策として位置づけ直したものが多い。

　⑤都市構造の転換に繋がるような施策は見られなかった。

　⑥公共施設の相互利用、連携中枢都市が提供する行政サービスの広域的利用などは見られたが、介護保険、保育など基幹的行政サービスの広域的運用に直結するような施策は見られなかった。

　⑦マネジメント力については合同研修会が中心であり、職員の派遣、人事交流などは見られなかった

4　連携中枢都市圏ビジョンの目標達成状況

　連携中枢都市圏ビジョンは5ヵ年計画でたてられている。2014年度に策定した「備後圏域（福山市）」と「高梁川流域連携中枢都市圏（倉敷市）」の第1期は2015年度から2019年度までで、両圏域とも2020年度から第2期に入っている。また2015年度に策定した11圏域のうち、「みやざき共創都市圏（宮崎市）」も2020年度から第2期に入っている。「播磨圏域連携中枢都市圏（姫路市）」の第1期は2019年度までであったが、第2期のビジョンは作成せず、第1期の改訂にしている。そこで第1期が終了した圏域において、各々の連携中枢都市圏ビジョンで定めた数値目標がどの程度達成されたかを見る。

　図表8-5は連携中枢都市圏ごとに定めた数値目標とその達成状況を見たものである。「みやざき共創都市圏」は設定した数値目標の達成状況がすべて示されていた。「播磨圏域連携中枢都市圏」は達成状況が示されていたが、統計調査期間との関係で、一部未集計の項目があった。「備後圏域」と「高梁川流域連携中枢都市圏」は達成状況がweb上で検索できなかった。そのため、公表されている資料から達成状況が判明できる項目は読み取ったが、不明の項目が存在する。また、2019年度の達成状況が示されていない項目については、達成状況が判明して

図表 8-5　連携中枢都市圏ビジョン、目標達成率

圏　　　域	数値目標数	達成数	未達成数	不明数
備　　　後（福山市）	18	3	4	11
高梁川流域（倉敷市）	36	9	14	13
播　　　磨（姫路市）	10	5	5	0
み や ざ き（宮崎市）	79	33	46	0
合　　　計	143	50	69	24
％	100	35	48.2	16.8

（出所：筆者作成）

いる年度までの推移がそのまま継続したとして 2019 年度の達成状況
を推測した。「みやざき共創圏域」は達成状況を 5 段階で示していたが、
他圏域を同じような精度で評価することは困難であり、数値目標を達
成したか（100％ 以上）、達成できていないかの 2 区分で判断した。

　数値目標は 4 圏域で 143 設定されており、達成は 50 項目（35％）、未
達成は 69 項目（48.2％）、不明は 24 項目（16.8％）であった。達成率が
一番良かった「播磨圏域」で達成率 50％ であった。「みやざき共創圏
域」は 100％ 以上を達成、90％ 以上 100％ 未満を概ね達成としている。
それによると達成は 41.8％、概ね達成は 16.5％ で、両者を合わせると
58.3％ となる。

　第 1 期が 2019 年度で終了した 4 圏域のみの達成状況であり、連携中
枢都市圏ビジョンの全般的な状況は分からないが、4 圏域を見た限り、
連携中枢都市圏ビジョンの達成状況は芳しくない。2020 年度で第 1 期
が終了する圏域は新型コロナ感染症の影響を受けているため、達成状
況はさらに悪化するのではないかと思われる。

5　広域連携をどう考えるべきか

(1)　連携中枢都市圏の評価

　連携中枢都市圏は第 30 次地方制度調査会答申に基づいて進められ、
地方創生で大きく位置づけられた。しかし、連携中枢都市圏ビジョン

が策定されたのは、候補に挙がっていた61市の半分程度にとどまり、策定件数は2017年以降、大きく減少している。

連携中枢都市圏ビジョンで具体化されている内容は、圏域で進める観光客誘致、公共施設の相互利用、合同研修会の開催など、広域で進めやすいものにとどまっている。地制調答申で考えていた都市構造の転換等に直結する施策はなく、介護、保育、教育など、基礎的自治体にとって基幹的な施策の連携もほとんど見られない。

第1期の5ヵ年が終了した4圏域の目標達成状況を見ると、目標総数は143、そのうち達成できたのは50、35％であった。

地制調答申は連携中枢都市圏について「相当程度進捗した段階にある」としているが、これらの状況を見る限り、連携中枢都市圏が順調に進んでいるとはいいがたい。

(2)　なぜ進捗状況が芳しくないのか

市町村合併は地方交付税の削減と一体で進められ、少なくない市町村が合併を選択した。しかし、連携中枢都市圏については、そのような強制的な政策がない。

連携中枢都市圏でも市町村合併と同じような財政上の優遇措置がとられている。しかし、連携市町村の場合、交付税措置されるのは上限1500万円であり、市町村合併を強行した当時の優遇措置と比べると、インセンティブは非常に少ない。

このような状況に加え、連携中枢都市圏がスタートしたときから指摘されていたことがある。それは連携市町村にとって、連携中枢都市との連携を深めると、実質的に吸収されるのではないかという懸念があったことである。かつて、合併しなければ生き残れないという強迫観念に駆られた市町村は、市町村合併を選択した。しかしその結果もたらされたことは、合併した周辺市町村地域の衰退であった。この事実は広く知られることになり、連携中枢都市圏で同じことが再びもた

らされるのではないかと、連携市町村が懸念したのは当然であろう。

　強制的な施策がなく、インセンティブも少なく、吸収されるのではないかという懸念があれば、連携中枢都市圏が順調に進むはずがない。当初から、連携中枢都市と連携市町村の温度差が指摘されていたが、それが未だ解消できていない。

(3)　広域行政はどうなるのか

　そもそも連携中枢都市圏が大きな成果を上げていなかったため、連携をさらに進めるために登場したのが、自治体戦略2040構想研究会である。その研究会がまとめた最終報告書（「自治体戦略2040構想研究会第二次報告」2018年7月）では、圏域という考え方を提案している。これは、広域的自治体である都道府県と、基礎的自治体である市町村の間に、圏域という新たな単位をもうける提案である。

　圏域が提案された理由は、「これら（連携中枢都市圏のこと：筆者注）を超えた取り組みが必要になるのではないか」という考えである。そして、連携中枢都市圏が十分な成果を上げていないのは、「まちづくりや産業など、圏域単位での政策遂行が合理的な制度・政策についても、現在は、圏域が主体となることを前提とした制度設計が行われていない」ためだとしている。

　その上で「圏域単位で行政を進めることについて真正面から認める法律上の枠組みを設け、圏域の実態性を確立し、顕在化させ、中心都市のマネジメント力を高め、合意形成を容易にしていく方策が必要ではないか」としている。

　この法律上の枠組みを考えるのが、2018年7月に設置された第32次地方制度調査会であった。内閣総理大臣から地方制度調査会会長宛の諮問には「圏域おける地方公共団体の協力関係」について審議を求めると書かれていた。

　しかし、圏域に対する反発は大きかった。全国町村会は2019年11

月に「これからの町村行政と新たな圏域行政に関する特別決議」を発表している。そこでは圏域行政の法制化が「団体自治・住民自治に基づく町村の存立基盤をゆるがしかねない」、「都市部を中心とした行政の集約化・効率化につながる」と強く批判している。このような批判があちらこちらから出され、第32次地方制度調査会は、本稿の冒頭で書いたように、広域連携を重視したものの、圏域に関する法制化の提言を見送った。

連携中枢都市圏の進捗状況が大きく改善され、今の連携中枢都市圏が広域連携の切り札になるとは考えにくい。一方、その問題を解決するために考え出された圏域も進んでいない。このような状況下で政府が考えている広域行政を進めるためには、再び圏域の法制化を目指すか、もしくは広域行政を進める条件整備に軸足を置くか、どちらかだと思われる。

現在、地方行政のデジタル化が議論されている。デジタル化は行政の標準化を進めるという側面があり、これが進むと行政の広域化を進めやすくなる。デジタル化を進め、実質的な広域行政を進めながら、いずれかの時点で圏域の法制化を目指すのではないだろうか。

(4)　どのような広域行政が求められるのか

さいごに広域行政そのものに触れておく。人口減少が進む一方で、市民ニーズは多様化する。市民向け施策によっては、基礎的自治体が個別に展開するのが難しい場合もあるだろう。市民生活は基礎的自治体の範囲を超えている場合もあり、そのようなときは連携した方が望ましい。そのため連携をすべて否定するものではない。しかし、連携して施策を展開する場合、以下の点が重要である。

①　参加する基礎的自治体の対等平等性

連携中枢都市圏は連携中枢都市が様々な施策の中心を担う。このような手法では、周辺市町村が実質的に吸収されるのでないかと危惧す

るだろう。連携を進める場合は、参加する基礎的自治体の平等性が重要である。たとえば、専門職を共同で雇用する場合、周辺市町村職員として採用すべきだろう。一般的には中心市が優位であるため、連携する場合は、周辺市に重きを置いた方が望ましい。

② 基礎的自治体の施策充実に繋がる保障

　連携中枢都市圏では、相互乗り入れもあるが、連携中枢都市が展開する施策を周辺市町村が活用する場合が多い。そうすると周辺市の施策水準の低下に繋がる。そうではなく各基礎的自治体が市民生活を支える基幹的な施策を維持し、職員の人事交流や共同研究などを進め、基礎的自治体の施策水準向上を図るべきだろう。

③ 市町村民、議員が参画できる保障

　連携中枢都市圏では構成している市町村の市民、議員が参画できる仕組みが築かれていない。連携中枢都市圏ビジョンは連携中枢都市が作成する。このような仕組みでなく、関係する市民、議員が発言でき、チェックできる仕組みが必要である。

④ 地域の実態を生かした計画の作成

　連携中枢都市圏ビジョンは、政府が示した枠組みに沿って作成されている。しかし、どのような施策を連携して進めるかは、地域で判断すべきである。地域の実情に応じた連携を進めることができるような保障が必要である。また、コミュニティバスの運行範囲などは、市町村の枠にとらわれず、市民の生活範囲に対応して、市町村が連携しやすいように制度を整えるべきだろう。

⑤ 地域の実情を生かした連携の保障

　現在の広域連携は、連携中枢都市圏、定住自立圏、都道府県と市町村の垂直連携など、政府が用意した枠組に沿って進んでいる。しかし、どのような連携を組むかは地域が判断すべきことであり、特定の連携スタイルを政府が決めるべきではない。地域の実情を反映した様々な連携の枠組みを進めることができるように、制度に柔軟性を持たせる

べきである。

⑥ 地域の自発性の尊重

　市町村合併のように、強制したり、財政的に誘導するのではなく、連携するかどうかについては、市町村の自主的な判断を尊重すべきである。

　市民生活の向上を進めるために広域連携が必要な場合もある。しかし、連携中枢都市圏では、周辺市町村が消滅するのではないかと危惧され、市民にとって必要な連携も進んでいない。周辺市町村の存続が危ぶまれるような連携を進めようとする政府の姿勢が、市民にとって必要な連携の推進を妨げている。もし圏域の法制化が、市町村合併と同じような強制力のあるものになると、周辺市町村は壊滅的なダメージを受けるだろう。強制力が弱いものになると、周辺市町村は消滅への危惧を強め、必要な連携も進まないだろう。

　中心市も周辺市も存続できるような連携の枠組みを作ることが、市民が必要とする連携を実質化する保障になるだろう。

参考文献等
・第 32 次地方制度調査会答申「2040 年頃から逆算し顕在化する諸課題に対応するために必要な地方行政体制のあり方等に関する答申」2020 年 6 月
・自治体戦略 2040 構想研究会「同研究会第二次報告」2018 年 7 月
・全国町村長大会「これからの町村行政と新たな圏域行政に関する特別決議」2019 年 11 月
・総務省の web サイト「連携中枢都市圏構想」及び連携中枢都市の web サイト
・連携中枢都市圏がスタートした当時の動向については、拙著「人口減少と地域の再編」自治体研究社、2016 年 5 月を参照

第9章

連携中枢都市圏・定住自立圏の実態と広域連携論
―自治体アンケートから考える―

平岡和久

1 問題の所在

　第32次地方制度調査会（以下、「32次地制調」）は2020年6月17日、「2040年頃から逆算し顕在化する諸課題に対応するために必要な地方行政体制のあり方等に関する答申」（以下、32次地制調答申）をまとめた。32次地制調において最大の焦点となったのが圏域行政の法制化であった。32次地制調における圏域行政法制化の議論では、定住自立圏・連携中枢都市圏の取り組みが重視されるとともに、定住自立圏・連携中枢都市圏以外の地域においては都道府県による補完・支援が重視された。それに対して、全国町村会などは圏域行政の法制化への懸念を表明した。そうした意見を反映し、32次地制調答申では、定住自立圏・連携中枢都市圏において関係市町村の参画を促す仕組みの法制化について両論併記にとどめた。

　以上の圏域行政法制化への批判、懸念の背景には、現在の連携中枢都市圏に対するニーズやメリットが感じられない等の全国町村会からの低い評価がある。また、連携中枢都市圏には以下の問題があると考えられる。第一に、連携中枢都市が一方的に連携中枢都市宣言を行うという仕組みや連携中枢都市への傾斜的財政措置が対等な自治体間の関係性をゆがめ、連携市町村の自主性、独自性を損なうおそれである。第二に、特別交付税措置に誘導され、既存の基幹的な生活関連機能サービスを連携中枢都市が提供することになれば、連携市町村の行政機

能の「空洞化」や自治機能の「空洞化」が進む可能性がある。第三に、連携中枢都市に「経済成長のけん引」や「高次都市機能の集積・強化」関連の投資が集中すれば、連携中枢都市への人口や経済力の集中と周辺部の衰退を促進するおそれがある。第四に、連携市町村の住民自治が実質的に確保されにくいことである。[1] 以上の問題は定住自立圏にもある程度当てはまると考えられる。ただし、市町村間の自主的な連携の努力によって、定住自立圏・連携中枢都市圏の問題点を緩和しながら効果をあげている事例もあり、十分な検証が求められる。

　以上のように定住自立圏・連携中枢都市圏は多くの問題を孕む制度であるとともに、32次地制調において焦点となった圏域行政法制化の対象となる制度であるにもかかわらず、財政学からの研究はわずかである。[2] 特に町村からみた定住自立圏・連携中枢都市圏の実態と課題について把握することは、今後の広域連携のあり方への重要な示唆となる。

　本稿は、定住自立圏・連携中枢都市圏を構成する市町村のうち、特に町村に焦点をあて、サーベイ調査を中心に実態と課題を明らかにすることを目的としている。

2　定住自立圏構想の展開

　定住自立圏構想は、2008年に総務省の定住自立圏構想研究会の報告を受け、2009年度から推進された。研究会報告では、前文で「もはや、すべての市町村にフルセットの生活機能を整備することは困難である。政府は、強いリーダーシップを発揮して、『集約とネットワーク』の考え方で地方に関する政策を再構成すべきである」と述べている。そのうえで、中心市と周辺地域による圏域の形成について、「選択と集中」、

1　新川達郎「圏域マネジメント論とこれからの地方自治」同志社政策科学研究第21巻第2号（2020年3月）67〜75頁でも圏域マネジメント論に対する同様の批判を紹介している。さらに、中心市への集中は本当に圏域の機能維持につながるのかという論点も指摘されている。

2　財政学による連携中枢都市圏の研究としては、横山彰「連携中枢都市圏の実態と比較分析」中央大学政策文化総合研究所年報第21号。（2017年）73〜93頁がある。

「完結型サービスの限界」、「集約とネットワーク」、「民間活力の活用」
の四項目をあげている。このうち「選択と集中」は中心市の取り組み
への国の財政措置などの集中という考え方を意味する。「完結型サービ
スの限界」とは、小規模町村の区域だけでまかなえないサービスを中
心市のサービスを利用することでまかなうことを意味する。「集約とネ
ットワーク」とは、中心市が周辺地域の住民の分も含めて都市機能を
整備し、既存施設等の集約化を進めることで圏域全体として効率化や
スリム化を図ることを意味する。「民間活力の活用」とは、中心市など
の都市的集積がある地域における民間事業者の投資を支援することで
民間活力を引き出そうというものである。

　また、研究会報告では、「中心市は、生活機能の集約化・ネットワー
ク化を促進し、圏域全体を見通した総合的なマネジメントを担うこ
と」となるとし、中心市による圏域マネジメント能力の強化を支援す
ることが重視されている。

　以上のように、研究会報告では、すでに後の連携中枢都市圏構想や
自治体戦略2040構想における圏域マネジメント論につながる基本的な
考え方が提案されていることがうかがえる。

　定住自立圏の取り組みは、①市町村間の役割分担による生活機能の
強化、②市町村間の結びつきやネットワークの強化、③圏域マネジメ
ント能力の強化、の三つにまとめられる。総務省によれば、2020年4
月1日時点で127圏域の取り組みをまとめると、①については、医療
123圏域、福祉110圏域、教育106圏域、産業振興122圏域、環境63
圏域、②については、地域公共交通123圏域、ICTインフラ整備・利
活用47圏域、交通インフラ整備83圏域、地産地消52圏域、交流・移
住105圏域、といった取り組み状況となっている。また、③について
は、合同研修・人事交流110圏域、外部専門家の招へい43圏域、とい
った取り組み状況となっている。[3]

3　総務省「全国の定住自立圏構想の取組状況について」(2020年4月1日)。

　総務省では定住自立圏の取り組みが 10 年を経過したことを受けて、定住自立圏の中心市に対するアンケート調査（調査時期：2019 年 7 月、114 圏域中 114 圏域から回答）を実施しているが、それによると、約 9 割の中心市が取り組みによる効果があったとしており、効果があった項目として、「生活機能の強化」85％、「関係市町村間の結びつきの強化」67％、「圏域内の人材育成の強化」64％、「広域的な施策の展開」57％、「行財政の効率化」51％ の順であった一方、「地域コミュニティの活性化」は 31％、「人口流出を食い止められた」は 11％ にとどまっている。取り組んだ効果が特に表れた分野としては、医療 47％、産業振興 42％、福祉 35％、教育 34％、交流・移住促進 30％、地域公共交通 26％、市町村職員の育成 25％ の順となっている[4]。

　なお、総務省のアンケート調査は中心市のみを対象としており、周辺市町村の意見は把握されていない。

3　連携中枢都市圏構想の展開

　連携中枢都市圏構想は安倍政権の地方創生政策の一環として推進された。地方創生政策における地域再編および行財政合理化のコンセプトが「コンパクト化＋ネットワーク化」であり、そのための仕組みの一つが連携中枢都市圏構想であった[5]。

　これまで圏域行政を促進する仕組みとして 2009 年度から全国展開された定住自立圏構想があったが、定住自立圏構想には政令指定都市が取り組まず、中核市も一部の取組みにとどまっており、それらを対象とした新たな枠組みが求められたという背景がある[6]。

4　総務省「定住自立圏構想の推進に係る取組状況及び取組の効果に関する調査について」総務省・定住自立圏構想の推進に関する懇談会（第 16 回）（2019 年 11 月 27 日）。
5　連携中枢都市圏構想の経緯については、辻琢也「連携中枢都市圏構想の機制と課題」不動産学会誌第 29 巻第 2 号（2015 年 9 月）49〜55 頁を参照。
6　辻・前掲注（5）では、定住自立圏の財源措置が限定的であったために、定住自立圏に取り組まなかった指定都市や中核市が少なくなかったのも事実であると指摘している。

　連携中枢都市となる要件は人口20万人以上、昼夜間人口比率1以上の政令指定都市や中核市等であり、生活関連サービスの提供のみでなく、圏域の経済成長のけん引や高次都市機能の集積・強化が期待される。実際に形成された連携中枢都市圏の多くは日常生活圏よりはるかに広域エリアを含むケースが多くみられる。

　連携中枢都市圏では、定住自立圏よりさらに自治体間の非対称性が強まる。連携中枢都市宣言にはじまり、連携中枢都市と連携市町村との1対1の連携協約が結ばれ、連携中枢都市による連携都市圏ビジョンが策定される。連携協約には各自治体の議会の承認が要るが、一般的な規定にとどまっており、具体的な内容は議会の承認を要しない連携都市圏ビジョンに定められ、策定後も適宜改定される。このことは、連携中枢都市圏では住民自治が希薄になることを意味する。その一方で、連携中枢都市には経済成長のけん引や高次都市機能の集積・強化を含め圏域マネジメント能力がいっそう求められる。自治体戦略2040構想における圏域行政の条件整備としての役割が求められている[7]。

　総務省によれば、2020年4月1日現在、連携中枢都市圏は34圏域（都市圏ビジョン策定済ベース）が形成されている。連携中枢都市は36都市（複眼型2圏域）であり、構成市町村数（延べ、連携中枢都市を除く）は289であり、うち町村数は延べ161（実数156）である。また、定住自立圏については126圏域（共生ビジョン策定済ベース）であり、連携中枢都市圏へ移行した圏域を除けば118圏域となっており、中心市は125市（複眼型を含むため）である。構成市町村数は454であり、そのうち町村数は延べ310（実数308）である。

　総務省「平成30年度地方公共団体間の事務の共同処理の状況調」（2019年2月）によって、連携中枢都市圏に係る連携協約数240件に対する割合をみると、圏域全体の経済成長のけん引に関しては、経済成長戦略の策定・体制整備（100％）、産業クラスター形成・戦略産業育

7　平岡和久「連携中枢都市圏と地方財政」住民と自治2019年6月号、20～23頁を参照。

成等（88.8％）、地域資源を活用した地域経済の裾野拡大（94.6％）、戦略的な観光施策（84.2％）と大部分の連携協約に盛り込まれている。

　高次都市機能の集積・強化に関しては、高度な医療サービスの提供（82.5％）、高度な中心拠点の整備・広域公共交通網の構築（92.1％）、高等教育・研究開発の環境整備（84.2％）と、大多数が取り組むことになっている。

　圏域全体の生活関連機能サービスの向上に関しては、総務省の分類ではさらに三分野にまとめられている。まず、生活機能の強化に関する政策分野で80％を超える連携協約で取り組むとされているのが地域医療、福祉、教育・文化・スポーツ、地域振興、災害対策および環境の各分野である。次に、結びつきやネットワークの強化に係る政策分野で80％を超える取り組みがあるのが、地域公共交通および地域内外の住民との交流・移住促進の分野である。最後に、圏域マネジメント能力の向上に係る政策分野で80％を超える取り組みがあるのが、人材の育成および圏域内市町村の職員等の交流の分野となっている。

　2020年8月時点における各圏域の最新の都市圏ビジョンによると、広域観光、図書館等の施設の広域利用、子育て支援センター・ファミリーサポートセンター等の広域利用、公共交通における連携、移住促進における連携、企業誘致における連携、地域産業の販路拡大における連携、起業・創業支援における連携、各種研修会・研究会・イベント等の共同開催、防災における連携、情報発信、職員の交流など、比較的取り組みやすい事業については多くの都市圏ビジョンに位置づけられている。

　高次都市機能の集積・強化については、JR駅周辺整備を取り組む事例が多い（かごしま、さっぽろ、しずおか中部、富山、ふくい嶺北、まつやま、熊本、高梁川流域、新潟、石川中央、播磨）。

　その他、文化交流拠点施設の整備（新潟）、広域交流拠点の整備（こおりやま）、まちなか・観光交流拠点等整備（新潟）、中心市街地再開発

（熊本、岐阜）、拠点病院の整備（広島広域）、総合保健センター整備（八戸）、美術館整備（八戸）、クルーズ船入港体制整備（西九州させぼ）などがある。

　なお、34圏域の連携中枢都市のほとんどが自治体ごとに立地適正化計画に取り組んでいるが、連携都市圏ビジョンにおいて広域的な立地適正化計画への取組が明示されているケースはほとんどない。[8]また、都市計画の広域調整を行う事例として長崎がある。

　都市機能（公共施設、医療・福祉・商業等）の役割分担については、公共施設の役割分担を本格的に行っている圏域は見当たらない。多くの場合、既存施設の共同利用や公共施設マネジメントに係るノウハウ共有・研究調査等の段階である。

　医療・福祉における役割分担については、保育の広域入所（ふくい嶺北、まつやま、みちのく盛岡、みやざき、岐阜、北九州）、病児・病後保育の広域化（西九州させぼ、こおりやま、富山、ふくい嶺北、まつやま、みやざき、因幡・但馬、岐阜、久留米、熊本、広島広域、青森、長野）、一時預かり保育の広域連携（こおりやま、久留米、広島広域、青森、八戸）などの取り組みがある。

　その他に、二次救急医療体制における役割分担（輪番制）（富山、ふくい嶺北、みちのく盛岡、因幡・但馬、岐阜、久留米、熊本、広島広域、瀬戸・高松、長崎）、夜間・休日診療所運営（因幡・但馬、山形）、医師の相互派遣（因幡・但馬）、ドクターカー運行事業（八戸）、診療情報、電子カルテの共有化（とやま呉西、久留米）、医療費助成制度の統一化（富山）、といった取り組みがある。

　産業振興については、地域資源を生かした地域経済の裾野拡大、産業クラスター・戦略的産業育成、広域観光施策についての連携は大半の圏域で行われている。また、調査研究事業を取り組むケースが多く

8　都市圏ビジョンとは別に、連携中枢都市である姫路市が2市2町による「中播磨圏域の立地適正化の方針」を策定したことが注目される。

みられる。なかでも、戦略的産業育成の例として、圏域内の企業による航空機部品の共同生産体制の確立や無人貨物飛行機の開発を産学金官連携で支援するといった取り組み（新潟）もみられる。

　中枢都市の産業関係機関の支援を圏域に拡大するケースとして、市の産業支援機関による企業支援の圏域への拡大（広島中央、山形、播磨）、インキュベーション施設の共同利用（西九州させぼ、かごしま、石川中央、長野、北九州）、産学官連携研究センターの広域利用（みちのく盛岡）、創業・事業承継サポートセンター事業の圏域への拡充（八戸）などがある。

　生活関連サービスについては、消費生活センターの共同利用（熊本、山形、青森、長野、八戸）、男女共同参画センターの広域利用（山形、播磨）、市民活動・ボランティアサポートセンターの広域利用（播磨）、消防業務の広域化（岐阜）、上下水道事業の広域連携（石川中央）などが取り組まれている。

　また、情報インフラの共同利用（西九州させぼ、こおりやま）、自治体クラウド（こおりやま）、オープンデータの共同（西九州させぼ、こおりやま、さっぽろ、まつやま、長崎）に取り組むケースもある。

　専門人材の共同利用についてはほとんどの圏域で取り組まれておらず、研修会、職員交流、専門人材確保のための連携などの取り組みにとどまっている。

　以上にみられるように、現段階における連携中枢都市圏ビジョンの内容は、取り組みやすいソフト事業や個別政策レベルの連携が中心であり、それに加えて連携中枢都市におけるJR駅周辺整備等のハード事業が一定程度取り組まれている状況にある。一方では、コンパクト化＋ネットワーク化によるまちづくり・行財政の合理化については実施レベルではあまり進んでおらず、検討段階にあるケースがほとんどである。

4　自治体戦略 2040 構想研究会報告と第 32 次地方制度調査会

(1)　自治体戦略 2040 構想研究会報告と「圏域行政」

　自治体戦略 2040 構想研究会（以下、「2040 構想研究会)」第二次報告の主要な提言として圏域単位の行政のスタンダード化がある。その背景として、まず、個々の市町村が行政のフルセット主義と他の市町村との勝者なき競争から脱却し、圏域内の都市機能等を守らなければならないという認識がある。圏域を、自治体と府省の施策（アプリケーション）の機能が最大限発揮できるプラットフォームにする必要があるとし、そのためには「圏域単位で行政を進めることについて真正面から認める法律上の枠組みを設け、圏域の実体性を確立し、顕在化させ、中心都市のマネジメント力を高め、合意形成を容易にしていく方策が必要ではないか」という問題提起が行われた。この点が第 32 次地制調の諮問へとつながった。

　また、都道府県による市町村補完のあり方に関わり、5 万人以上の中心都市による圏域行政の条件のない小規模自治体に対して、都道府県・市町村の機能を結集した共通の行政基盤を構築することが提起された。特に、小規模市町村では専門職員の不足がインフラ維持管理等の足かせになるとし、都道府県や市町村の組織を越えて、希少化する人材を柔軟に活用する仕組みを構築する必要があるとしており、二層制の柔軟化が提案されている。

　2040 構想研究会第二次報告では、現在の連携中枢都市圏の不十分性を次のように指摘している。

　「現状の連携では、中心都市の施設の広域受入れ、施設の相互利用、イベントの共同開催など利害衝突がなく比較的連携しやすい分野にその取組が集中している。都市機能（公共施設、医療・福祉・商業等）の役割分担など、負担の分かち合いや利害調整を伴う合意形成は容易ではない…」。

「まちづくりや産業など、圏域単位での政策遂行が合理的な制度・政策についても、現在は、圏域が主体となることを前提とした制度設計が行われていない」。

以上の指摘が圏域行政の法制化論へとつながったと考えられる。

2040 構想研究会報告の「圏域行政」論へは自治体関係者、学者等から多くの批判を呼んだが、なかでも日弁連は、地方自治の本旨との関係で「圏域」の法制化が団体自治及び住民自治に反する可能性があるとし、根本的な批判を行った。[9]

(2)　第 32 次地方制度調査会答申と広域連携の論点

地制調答申における広域連携の提案には、地方自治の観点から議論すべき以下のような論点がある。第一に、「2040 年頃の変化・課題（「地域の未来予測」の整理）や大規模災害・感染症等のリスク→広域連携の必要性」というロジックについては、現状分析とそれにもとづくこれまでの政策の妥当性に関する要因分析が不足しており、政策分析・評価なしに行政の標準化・デジタル化、圏域行政へ誘導する傾向があるのではないか。

第二に、計画段階、すなわち合意形成が容易ではないが必要な合意が円滑に形成される過程に着目しているが、その背景には自主的・対等で漸進的な自治体間連携に対する中央政府・政治における不信があるとおもわれる。こうした不信感が集権的統制への傾斜につながっているのではないか。

第三に、広域連携への財政措置を講じる必要性の強調であるが、財政誘導が強まることによる意思決定のゆがみが懸念される。

第四に、連携計画策定や進捗管理において関係市町村の十分な参画を担保する仕組みの法制度や共や私の担い手からの提案を可能にする

9　日本弁護士連合会「自治体戦略 2040 構想研究会第二次報告及び第 32 次地方制度調査会での審議についての意見書」2018 年 10 月 24 日。

仕組みの法制度が提案されているが、こうした圏域行政の法制化は、日弁連が批判したように、団体自治と住民自治の原則から逸脱していると考えられる。また、法制度による規律の強制は分権に逆行すると考えられる。さらに、共や私の担い手からの提案の法制度は地方自治や民主主義の観点から問題がある。

5 連携中枢都市圏・定住自立圏に関するアンケート調査の概要と結果

筆者は、連携中枢都市36都市、連携中枢都市圏構成156町村、定住自立圏の124中心市、297構成町村に対してアンケート調査を実施した（一部九州豪雨の被災自治体を対象から除いた）。回答したのは連携中枢都市圏・定住自立圏の担当課（企画課等）である。

回答数および回収率は以下のとおりである。連携中枢都市27（回収率75%）、連携中枢都市圏構成町村71（回収率44%）、定住自立圏中心市78（回収率62%）、定住自立圏構成町村114（回収率37%）（回収期間：7月22日～8月31日）。

(1) 単純集計の紹介と分析

回答結果をみると、連携中枢都市、連携中枢都市構成町村および定住自立圏中心市では財政状況は「厳しい状況」が最も多く、次いで「やや厳しい状況」が多い。定住自立圏構成町村では「やや厳しい状況」が最も多く、次いで「厳しい状況」となっているが、両者はほぼ拮抗している（表9-1）。

特別交付税措置が十分かどうかの評価については、各グループとも評価が分かれている。なかでも「やや不十分」「全く不十分」を合わせると、連携中枢都市44%、連携中枢都市圏構成町村が46.6%であるのに対して、定住自立圏中心市55.4%、定住自立圏構成町村56.7%とやや多い（表9-2）。連携中枢都市の普通交付税措置に対する評価

表9-1 財政状況についての認識

	連携中枢都市	連携中枢都市圏構成町村	定住自立圏中心市	定住自立圏構成町村
厳しい状況	57.7%	53.7%	55.4%	45.5%
やや厳しい状況	42.3%	41.8%	43.2%	47.3%
やや余裕がある	0.0%	4.5%	1.4%	6.4%
かなり余裕がある	0.0%	0.0%	0.0%	0.0%
計	100.0%	100.0%	100.0%	99.1%

(出所：アンケート調査から作成。以下表9-13まで同じ)

表9-2 特別交付税措置についての評価

	連携中枢都市	連携中枢都市圏構成町村	定住自立圏中心市	定住自立圏構成町村
十分な額である	8.0%	8.6%	9.5%	7.7%
まあまあ十分	48.0%	44.8%	35.1%	35.6%
やや不十分	40.0%	32.8%	40.5%	41.3%
全く不十分	4.0%	13.8%	14.9%	15.4%
計	100.0%	100.0%	100.0%	100.0%

表9-3 連携中枢都市への普通交付税措置についての評価

	比率
十分な額である	0.0%
まあまあ十分	56.0%
やや不十分	36.0%
全く不十分	8.0%
計	100.0%

も、「まあまあ十分」が56%に対して、「やや不十分」が36%、「全く不十分」が8%と評価が分かれている（表9-3）。

　広域連携への財政措置の拡充については、各グループとも大半が「望ましい」と回答している（表9-4）。

　連携中枢都市圏や定住自立圏のメリットについては、「たいへん感じられる」は連携中枢都市圏では26.9%であったが、その他のグループではあまり多くなく、「まあまあ感じられる」が最も多い。「あまり感じられない」は、連携中枢都市は3.8%、定住自立圏中心市は7.8%とごく少数であったが、連携中枢都市圏の構成町村では33.8%、定住自立圏の構成町村では19.5%であった（表9-5）。特に連携中枢都市

表9-4　今後は広域連携への財政措置が拡充されるという見方があるが、
　　　　どう考えるか

	連携中枢都市	連携中枢都市圏構成町村	定住自立圏中心市	定住自立圏構成町村
財政措置が拡充されるのは望まない	88.5%	94.3%	88.3%	91.7%
財政措置をこれ以上拡充する必要はない	0.0%	2.9%	1.3%	2.8%
その他	11.5%	2.9%	10.4%	5.5%
計	100.0%	100.0%	100.0%	100.0%

表9-5　現在の連携中枢都市圏や定住自立圏の取り組みに関するメリットの程度

	連携中枢都市	連携中枢都市圏構成町村	定住自立圏中心市	定住自立圏構成町村
たいへん感じられる	26.9%	8.5%	13.0%	14.2%
まあまあ感じられる	69.2%	57.7%	79.2%	65.5%
あまり感じられない	3.8%	33.8%	7.8%	19.5%
全く感じられない	0.0%	0.0%	0.0%	0.9%
計	100.0%	100.0%	100.0%	100.0%

圏構成町村がメリットをあまり感じていない団体が多い背景には連携中枢都市圏が相当広域にわたることが関係しているとおもわれる。

　連携中枢都市圏や定住自立圏の取り組みにどのようなメリットを感じるかについては、連携中枢都市では「普通交付税措置・特別交付税措置がある」が92%と多く、それに続いて「新たな施策の拡大・推進ができる」が52%となっている。定住自立圏中心市は「特別交付税措置がある」が95.8%とほとんどが選択し、それに続く「新たな施策の拡大・推進ができる」は25%にとどまっている。定住自立圏の構成町村では「特別交付税措置がある」が80.2%ともっとも多かったが、それに続く「新たな施策の拡大・推進ができる」は34.1%にとどまり、「中心市のサービスを利用できる」も27.5%にとどまっている。連携中枢都市圏の構成町村では、「特別交付税措置がある」は51.1%にとどまり、「中心市のサービス利用を利用できる」63.8%、「新たな施策

表9-6 連携中枢都市圏や定住自立圏の取り組みにどのようなメリットを感じる

	① 特別交付税措置（連携中枢都市は普通交付税措置も）がある	② ①以外の交付税措置以外の国の財政措置が受けやすくなる	③ 連携中枢都市・中心市、構成市町村のサービスを利用できる
連携中枢都市	92.0%	4.0%	16.0%
連携中枢都市構成町村	51.1%	2.1%	63.8%
定住自立圏中心市	95.8%	16.7%	13.9%
定住自立圏構成町村	80.2%	3.3%	27.5%

表9-7 都市圏ビジョンや共生ビジョンの取り組みのなかで特にメリットが感じ

	産業振興	観光	防災	福祉	医療	教育
連携中枢都市	74.1%	59.3%	14.8%	40.7%	22.2%	3.7%
連携中枢都市構成町村	40.8%	46.5%	12.7%	25.4%	26.8%	4.2%
定住自立圏中心市	43.6%	34.6%	7.7%	26.9%	60.3%	9.0%
定住自立圏構成町村	30.4%	36.5%	13.0%	27.0%	27.0%	5.2%

の拡大・推進ができる」42.6％ も多かった（表9-6）。

　一方、特別交付税措置等以外の国の財政措置が受けやすくなるメリットや「行政能力の向上」については、各グループとも少ない。

　都市圏ビジョンや共生ビジョンの取り組みのなかで特にメリットが感じられる項目を問うた設問には、連携中枢都市では、「産業振興」74.1％、「観光」59.3％ の順で多く、連携中枢都市圏構成町村では「観光」46.5％、「産業振興」40.8％ の順で多い。定住自立圏の中心市では、「医療」60.3％ が最も多く、ついで「産業振興」43.6％ となっている。定住自立圏の構成町村でも「医療」58.3％ が最も多く、ついで「観光」36.5％ となっている（表9-7）。

　連携中枢都市圏および定住自立圏の取り組みに関する今後の新たなニーズがどの程度あると感じるかの質問については、各グループとも「まあまあ感じられる」がもっとも多く、「たいへん感じられる」は少ない。なかでも連携中枢都市圏は取り組み年数が短いにもかかわらず

か（複数回答、2つまで）

④ 行政能力の向上	⑤ 新たな施策の拡大・推進ができる	⑥ その他
8.0%	52.0%	8.0%
14.9%	42.6%	2.1%
12.5%	25.0%	5.6%
18.7%	34.1%	6.6%

られる項目（複数回答、3つまで）

科学技術	公共施設活用	公共交通	移住定住	上下水道	職員派遣	職員研修	その他
0.0%	22.2%	22.2%	18.5%	0.0%	3.7%	0.0%	3.7%
1.4%	7.0%	18.3%	29.6%	5.6%	5.6%	19.7%	7.0%
1.3%	6.4%	33.3%	14.1%	1.3%	0.0%	7.7%	12.8%
0.0%	7.0%	20.9%	20.0%	2.6%	2.6%	20.0%	4.3%

表9-8　連携中枢都市圏や定住自立圏の取り組みに関する今後の新たなニーズはどの程度あると感じるか

	連携中枢都市	連携中枢都市圏構成町村	定住自立圏中心市	定住自立圏構成町村
たいへん感じられる	25.9%	10.1%	13.0%	9.6%
まあまあ感じられる	59.3%	72.5%	62.3%	68.4%
あまり感じられない	14.8%	17.4%	24.7%	21.9%
全く感じられない	0.0%	0.0%	0.0%	0.0%
計	100.0%	100.0%	100.0%	100.0%

構成町村の回答では「たいへん感じられる」がわずかであった（表9-8）。

　32次地制調答申が打ち出した「施設・インフラ等の資源や専門人材の共同活用による住民の生活機能の確保、広域的なまちづくりなど、合意形成が容易でない課題にも積極的に対応し、取組を深化させていくことが必要」という見解に対する考えを問う設問では、各グループ

表9-9 施設・インフラ等の資源や専門人材の共同利用、広域的なまちづくりなど合意形成が容易でない課題に積極的に対応し取り組みを深化させていくことが必要か

	連携中枢都市	連携中枢都市圏構成町村	定住自立圏中心市	定住自立圏構成町村
大いに対応すべき	14.8%	18.6%	17.1%	19.8%
まあまあ対応すべき	74.1%	67.1%	69.7%	68.5%
あまり対応すべきでない	7.4%	14.3%	13.2%	11.7%
全く対応すべきでない	3.7%	0.0%	0.0%	0.0%
計	100.0%	100.0%	100.0%	100.0%

表9-10 「地域の未来予測」を構成市町村の共同により作成することが有用であるか

	連携中枢都市	連携中枢都市圏構成町村	定住自立圏中心市	定住自立圏構成町村
たいへん感じられる	18.5%	14.1%	20.0%	15.0%
まあまあ感じられる	59.3%	63.4%	62.7%	61.9%
あまり感じられない	18.5%	22.5%	17.3%	23.0%
全く感じられない	3.7%	0.0%	0.0%	0.0%
計	100.0%	100.0%	100.0%	100.0%

とも「まあまあ対応すべき」が最も多く、「大いに対応すべき」「あまり対応すべきでない」はともに少数であった（表9-9）。

　32次地制調答申に述べられている「地域の未来予測」を連携中枢都市と構成市町村あるいは中心市と構成市町村が共同で整理することの有用性についての考えを問う設問には、各グループとも「まあまあ思う」が最も多く、「有用だと思う」「あまり思わない」は少数であった（表9-10）。

　また、圏域行政の法制化については、各グループとも「法制化すべきである」「法制化すべきでない」はともに少数であり、「どちらともいえない」が大半であった（表9-11）。

　連携中枢都市や中心市が都市圏ビジョンや共生ビジョンを策定することについての意見については、どのグループでも「望ましいが、構

表9-11　圏域行政の法制化についての考え

	連携中枢都市	連携中枢都市圏構成町村	定住自立圏中心市	定住自立圏構成町村
法制化すべきである	3.7%	7.0%	2.6%	5.3%
法制化すべきでない	3.7%	22.5%	13.2%	15.8%
どちらともいえない	81.5%	69.0%	78.9%	78.1%
その他	11.1%	1.4%	5.3%	0.9%
計	100.0%	100.0%	100.0%	100.0%

表9-12　連携中枢都市や中心市が都市圏ビジョンや共生ビジョンを
　　　　策定することについての意見

	連携中枢都市	連携中枢都市圏構成町村	定住自立圏中心市	定住自立圏構成町村
望ましい	22.2%	29.6%	28.6%	34.2%
望ましいが、構成市町村の意見が反映される仕組みが必要	55.6%	60.6%	40.3%	55.3%
連携中枢都市・中心市が単独で策定するのではなく、構成市町村との共同作成が望ましい	11.1%	9.9%	22.1%	9.6%
その他	11.1%	0.0%	9.1%	0.9%
計	100.0%	100.0%	100.0%	100.0%

成市町村の意見が反映される仕組みが必要」が最も多く、次いで「望ましい」が多くなっている。「構成市町村との共同作成が望ましい」は各グループとも少数にとどまっているが、定住自立圏の中心市では22.1％とやや多くなっている（表9-12）。

　広域連携の課題に対して、一部事務組合や広域連合などの既存の制度を維持・改善して活用することが有用であるとの意見についての考えを問う設問には、各グループとも「まあまあそう思う」が最も多く、「たいへんそう思う」「まあまあそう思う」を合わせると8割を超えている（表9-13）。

表 9-13 広域課題に、一般事務組合・広域連合などを維持・改善して
活用することは有用か

	連携中枢都市	連携中枢都市圏構成町村	定住自立圏中心市	定住自立圏構成町村
たいへんそう思う	3.8%	7.1%	19.7%	14.9%
まあまあそう思う	76.9%	74.3%	67.1%	74.6%
あまりそう思わない	19.2%	18.6%	11.8%	10.5%
全くそう思わない	0.0%	0.0%	1.3%	0.0%
計	100.0%	100.0%	100.0%	100.0%

(2) 記述式設問への回答

　記述式の設問については、まず、連携中枢都市や中心都市と構成市町村との対等・平等な関係を維持するために工夫していることについて聞いた。「首長会議を年3～4回、担当課長会議を年6回程度開催しているほか、定期的に連携市町から負担金を徴収することで、持続可能な運営をしている」（連携中枢都市）、「構成市町村との対等・平等な関係性の維持は最重要課題であると認識しており、協議の際に対等・平等な立場としての意見交換を行うことを心がけているほか、各市町村の取り組みについて頻繁に情報交換を行うなど、積極的なコミュニケーションをとるようにしている」（中心市）、といった回答にみられるように、連携中枢都市や中心市の回答からは、構成市町村との各レベルでの意見交換・協議を重視していることがうかがえる。

　それに対して、連携中枢都市圏や定住自立圏構成町村では、「構成する市町村の首長が集まる機会ごとに、対等・平等及び互いの独自性を尊重することを確認している」（定住自立圏構成町村）といった回答も見られる一方、「〇〇市の事業に参画なので、対等平等ではないが、できるだけ協力している」（連携中枢都市圏構成町村）、「中心市との対等・平等な関係にこだわらないこと」（定住自立圏構成町村）、といった回答もあり、やや連携中枢都市や中心都市との対等・平等な関係を維持する意識的な取り組みが弱い可能性がある。

　次に、連携中枢都市圏や定住自立圏において制度のメリットを発揮するために工夫していることについて聞いた。連携中枢都市や定住自立圏中心市からは、「連携中枢都市の個別行政分野の施策を検討する上で、なるべく広域的な視点で検討するように努力している」(連携中枢都市)、「定住自立圏として開始した事業だけでなく、各市町村が取り組んできた既存の事業についても共通を洗い出すなどして、なるべく広く連携事業として実施できるようにしている」(定住自立圏中心市)といった回答にみられるように、制度のメリットを発揮するため、積極的に工夫した取り組みを進めるケースがあることがうかがえる。

　それに対して連携中枢都市圏構成町村や定住自立圏構成町村からは具体的な回答は少なく、制度のメリットを発揮させるため積極的に工夫した取り組みを行っている事例は多くないことがうかがえる。

　最後に、今後の連携中枢都市圏や定住自立圏のあり方について意見を求めたが、「連携中枢都市及び連携市町、双方が実感できるインセンティブが必要」(連携中枢都市)、「人口減少が更に見込まれていく中、地方圏での定住につながっていく三分野(医療福祉・地域公共交通・経済活性化)の重要度が大きくなっていくことから財政需要に応じた財政措置の見直しが必要」(定住自立圏中心市)といった回答にみられるように、連携中枢都市や中心市の担当課の認識として、連携中枢都市圏や定住自立圏における広域連携を進めていくために、財政措置の拡充を求める傾向がうかがえる。

　連携中枢都市圏や定住自立圏のあり方についての構成町村の意見は多様である。なかでも、「連携中枢都市への都市機能の過剰な集約を抑制することで対等、平等な関係性を維持し、連携市町それぞれのニーズにあった運用が必要」(連携中枢都市圏構成町村)、「中心都市に全てが集中しないよう、十分な関係性を維持する必要がある」(連携中枢都市圏構成町村)、「中心市となる自治体の考え方により、効果が左右されてしまう。これを防ぐ方法を考えていく必要がある」(定住自立圏構成

町村)、「特別交付税において実際のところどれだけの財政支援を受け
ているかが非常に不明瞭であり、事業のやりにくさがある。財政支援
だけを目的とする定住自立圏の取り組みを見直し、構成市町が将来の
町のあり方を共に考える場になることを望む」（定住自立圏構成町村）
といった回答にみられるように、連携中枢都市や中心市主導の制度の
あり方に対する問題意識をもつ傾向がうかがえる。

(3) 小括

　以上の検討から結論として、以下のことが確認できよう。第一に、連
携中枢都市圏および定住自立圏とも構成市町村にとっておおむね何ら
かのメリットを感じているが、そのうち財政的メリット、特に交付税
措置が最も重要である。その背景には、連携中枢都市・中心市あるい
はそれらの構成町村に限らず、自治体の財政状況が厳しいという認識
をもつ自治体が大半にのぼることがある。

　第二に、連携中枢都市圏および定住自立圏における新たな取り組み
のニーズや地制調答申が示す合意形成が容易でない課題への取り組み、
あるいは「地域の未来予測」の共同整理などには構成市町村はおおむ
ね肯定的であるが、強い肯定ではない。むしろ、なかには、連携中枢
都市や中心市主導のあり方への懸念が存在することがうかがえる。

　第三に、以上の結果からみれば、32次地制調答申が目指す広域連携
の深化については、法制化あるいは財政措置の拡充（財政誘導の強化）
がなければ、急速には進まないであろうという予想ができよう。逆に
いえば、法制化や財政誘導の強化がなければ、市町村間の自主的な連
携の努力によって漸進的な広域連携の継続・深化が期待できるとおも
われる。

　第四に、自治体間に非対称的な関係性を持ち込む連携中枢都市圏や
定住自立圏だけでなく、一部事務組合や広域連合といった既存の制度
をさらに活用することが有用である可能性がある。

6　広域連携のあり方と今後の展望

　本稿における分析結果からの示唆として、連携中枢都市圏や定住自立圏には、連携中枢都市や中心市が提供するサービスの構成市町村へのメリットという点では、ある程度の機能を発揮する合理性が確認される一方、それらの自治体間に非対称的な関係性を持ち込む性格から、市町村自治との整合性を図ることと矛盾する側面があり、そのため制度のさらなる活用には限界があるとおもわれる。

　こうした限界を連携中枢都市や中心市による「圏域マネジメント」を強制する方向で突破するために「圏域行政」の法制化が目指されたが、それに対しては全国町村会などから厳しい批判を受けたのである。

　地域共同体を基盤とした自治を尊重する立場からは、住民自治と自治体間の自主的で対等な関係性にもとづき、ボトムアップな熟議と協議の過程を重視した自治体間連携・協力を漸進的に進めていくことが肝要である。そのような漸進的なプロセスを「生ぬるい」と感じる集権的行財政合理化主義は、統治機構の改革と称して行政の標準化、アウトソーシング化とともに、構成市町村の自治権を中枢都市や中心市に集約する「圏域行政」の法制化を進めようとする。この点では、「圏域行政」法制化論は、大阪市の権限・財源を大阪府に集約する大阪市廃止・特別区設置の構想と同様な発想にもとづく構想であるともいえる。

　また、「圏域行政」の法制化の如何に関わらず、広域連携への財政措置の拡充は自治体間の自主的で対等な関係性にゆがみをもたらすものであり、見直すべきである。さらに、行政デジタル化やアウトソーシングについても、中枢都市や中心市への実質的な自治権の集約化につながるおそれがあり、性急な改革の危険性を十分に認識しなければならない。

　今後の広域連携のあり方をめぐっては、以上のような集権的行財政

合理化論にもとづく「圏域行政」の法制化論、集権的行政デジタル化論および財政誘導論を自治の現場からどう克服するかが課題となっている。

　なお、本稿における調査は各自治体の担当課に対するアンケート調査にとどまっており、「圏域」における自治体間連携の実態については、ケーススタディによる詳細な実態把握と分析がもとめられる。また、一部事務組合や広域連合といった既存制度のさらなる活用の可能性についても検討が求められよう。

　　＊本研究は JSPS 科研費 JP19K01479（研究代表者：水谷利亮）の助成を受けたものである。

参考文献
・榊原秀訓「第 32 次地方制度調査会答申から見る国の自治体戦略」自治と分権第 81 号（2020 年）40〜50 頁
・辻琢也「連携中枢都市圏構想の機制と課題」不動産学会誌第 29 巻第 2 号（2015 年 9 月）49〜55 頁
・外川伸一「『地方創生』政策における『人口のダム』としての二つの自治制度構想—連携中枢都市圏構想・定住自立圏構想批判」大学改革と生涯学習：山梨大学生涯学習センター紀要第 20 号（2016 年 3 月）31〜48 頁
・新川達郎「圏域マネジメント論とこれからの地方自治」同志社政策科学研究第 21 巻第 2 号（2020 年 3 月）67〜75 頁
・平岡和久「地方財政と『地方創生』政策」岡田知弘・榊原秀訓・永山利和編著『地方消滅論・地方創生政策を問う』（自治体研究社、2015 年）163〜187 頁
・平岡和久「『地方創生』政策と連携中枢都市圏構想」住民と自治 2016 年 4 月号、6〜7 頁
・平岡和久「『地方創生』と自治体間連携」水谷利亮・平岡和久『都道府県出先機関の実証研究：自治体間連携と都道府県機能の分析』（法律文化社、2018 年）
・平岡和久「地方交付税解体へのシナリオ—『自治体戦略 2040 構想』の求める地方財政の姿」白藤博行・岡田知弘・平岡和久『『自治体戦略 2040 構想」と地方自治』（自治体研究社、2019 年）

・平岡和久「『自治体戦略 2040 構想』と地方自治・地方財政」自治と分権第 75 号（2019 年）68～78 号
・平岡和久「連携中枢都市圏と地方財政」住民と自治 2019 年 6 月号、20～23 頁
・本多滝夫「連携中枢都市圏構想からみえてくる自治体間連携のあり方」住民と自治 2016 年 4 月号、8～12 頁
・本多滝夫「地方創生と自治体間連携」日本地方自治学会編『地方創生と自治体』（敬文堂、2018 年）
・本多滝夫「第 32 次地方制度調査会答申を読み解く：広域連携」住民と自治 2020 年 10 月号、30～33 頁
・水谷利亮・平岡和久『都道府県出先機関の実証研究―自治体間連携と都道府県機能の分析』（法律文化社、2018 年）
・横山彰「連携中枢都市圏の実態と比較分析」中央大学政策文化総合研究所年報第 21 号。（2017 年）73～93 頁

第 10 章

市町村合併を考える―合併特例法を中心に―

角田英昭

はじめに

　市町村合併の問題は、第 32 次地方制度調査会（以下、「地制調」）では「地方行政体制のあり方」の中で、広域連携課題の一環として審議された。ここでは主に議論の焦点である市町村合併特例法を巡る背景と現況、論点、課題について検討し、後半で平成の大合併とは何であったのか、その評価と課題、政府の合併戦略について簡潔に述べたい。

1　地制調審議の背景と議論の経過、到達点

(1)　合併問題を審議する背景

　地制調で市町村合併が議論されることについて大森彌（東京大学名誉教授）は、町村週報 3046 号（2018 年 7 月 9 日）のコラムの中で、次のように述べている。「自民党政務調査会の『財政再建に関する特命委員会』（会長：岸田文雄政調会長）は、『人口減少を見据え、市町村間での行政サービスの広域連携を更に推進するとともに、既存の取組で市町村合併が進まなかった地域に関して更なる合併を推進する枠組みについても検討する。』（傍線筆者）この一文は見逃せない。もしこの通り『骨太の方針』に盛り込まれれば、町村にとって事は一挙に重大化する」。平成の大合併に際して「普通交付税の算定替え、合併特例債の創設などの促進策や知事による合併協議会設置の勧告などの強力な働きかけ」があっても合併が進まなかった地域に「更なる合併を推進する枠組み」とは何か、「人口減少による小規模市町村の消滅可能性を強

213

調して合併強制の法的措置を考えるのか」、「『骨太の方針2018』では
…『市町村合併の進捗状況が地域ごとに異なることを踏まえ、現行の合
併特例法が平成31年度末に期限を迎えることへの対応を検討する』と
なっている」、「次期地方制度調査会で期限が来る合併特例法がどう扱
われるかを注視したい」と。ここに市町村合併を地制調で検討する背
景が的確に語られている。

(2)　現行合併特例法を巡る議論の着眼点（論点）

　市町村合併問題は、こうした背景を踏まえ、地制調審議の要である
「地方行政体制のあり方」の中で、分野別課題に先行して検討された。
第22回専門小委員会（2019年9月13日、以下「専門小委」）では、事務
局から現行の合併特例法の説明と「期限切れを迎える現行合併特例法
への対応についての議論の着眼点」が示された。その内容は次の通り
である。
　〈基礎自治体についての現状と今後〉
○合併市町村の行財政基盤の状況やまちづくりの成果及び課題をどう
評価するか
○合併後の市町村の状況や課題の多様性をどう考えるか
○今後の人口構造の変化や課題の各地域における現れ方の違いをどう
考えるか
　〈今後の基礎自治体による行政サービスの提供体制〉
○近年の地制調の答申の基本的なスタンスをどう考えるか
○市町村合併という手法についてどう考えるか
　〈市町村合併についての今後の対応方策〉
○2020年度末に効力を失う現行法の取り扱いをどうすべきか
○引き続き必要と考える場合、内容の見直しは必要か
　議論の着眼点は「期限切れを迎える現行合併特例法への対応につい
て」と銘打たれているように、現行法を継続するか、継続する場合は

内容の見直しをするか否かに焦点が絞られていた。重点は前者であり、そのため地制調では、現状分析やまちづくりの成果、課題に関しては十分議論せず、「合併後のまちづくりの成果や課題について、一般論として評価を行うのは難しい」という見解に止まっている。

　また、合併後の市町村の多様性についても、議論では「『平成の合併』は市町村の規模の多様性が前提とされており、合併はそれを促進するものであり多様でいい、周辺地域の活力等の低下は合併団体のみならず広域連携においても見られるものであり、こうした現状認識を踏まえて今後の議論を進めていく必要がある」とされた。

　市町村合併の位置づけについては、それは「あくまでも行財政基盤強化の手法の一つであり、自主的に市町村合併を選択する市町村に対して必要な支援措置を講じる、自主的な市町村合併を含めた多様な手法の中から各市町村が最も適したものを自ら選択できるようにする、そうした第29次地方制度調査会の答申以降の基本的なスタンスに変わりはないのではないか」とされた。

⑶　論点に対する考え方と議論の到達点

　第23回専門小委（9月26日）では、前回の議論を踏まえて「論点に対する考え方」が提起された。その要旨は次の通りである。

　まず、今後の基礎自治体による行政サービスの提供体制については、「各市町村において、地域における変化・課題の現れ方を見通した上で、地域の未来像を描き、その未来像から逆算し、地域や組織の枠を越えた連携、技術を活かした対応など必要となる方策について、地域の置かれた状況に応じて自ら判断し、長期的な視点で必要な対応を選択していくことが重要で」あり、かつ「自主的な市町村合併のほか、市町村間の広域連携、都道府県による補完などの多様な手法の中から最も適したものを自ら選択できるようにしていくことが必要ではないか」、また、自主的な市町村合併は、「行財政基盤強化の手法の一つ」であり、

「今後、急速な人口減少と高齢化が進行することが見込まれる中にあって…行財政基盤を中長期的に維持していくための手法として検討することも考えられる」と提起した。

市町村合併の今後の対応方策では、合併特例法は「合併の障害除去や住民の意見反映のために効果的であり、実際、現行法下の市町村合併のいずれの事例においても活用され、合併の円滑化に寄与している」、このため「引き続きこれらの措置を講じることができるよう、現行法の期限を延長すべき」であるとした。

議論では、特例法という形式ではなく一般法の地方自治法、地方交付税法に必要な規定を盛り込むべきという意見も出たが、「時代の変化に合わせて合併のパッケージを調整できる今の仕組みは合理性がある、一般法の外に出しておいた方が定期的に議論の対象にして見直していくことができる」などの意見が多数を占め、専門小委では現行法を特例法として延長する方向で概ね一致した。

山本専門小委員長は、まとめに当たって「合併特例法が合併推進のツールと受け取られ、誤解されている向きもある。第30次地制調答申の趣旨（合併の障害除去や住民の意見反映のための措置）を明確に示していくことも必要である」と述べ、市川会長も「合併特例法は選択肢の一つ。それ以外の選択肢も出ている。その中で自治体が最も適正な選択肢を選んでいくもの」と強調した。これを踏まえて、その後2回の専門小委で答申案を検討し、一部修正を行った上で10月25日の第4回総会に提出し、承認された。その際に、全国町村会の荒木会長は「市町村は合併について、言葉では言い表せない苦渋の経験を刻み込んでいる。新たな圏域行政の推進は、平成の大合併の再来ではないかと危惧する」（朝日新聞、2019年10月26日）と述べている。

この答申案は10月30日、「市町村合併についての今後の対応方策に関する答申」として内閣総理大臣に提出された。

政府は、2020年の通常国会に「現行法の期限を10年間延長する」

として「市町村の合併の特例に関する法律の一部を改正する法律案」
を提出し、2020 年 3 月に成立した。

(4)　市町村合併特例法とは何か

　現行の市町村合併特例法は、1999 年以来「平成の大合併」として国
主導で上から合併を推進してきた当時の「市町村の合併の特例に関す
る法律」が失効するに当たり、その後、一定期間さらに自主的な合併
を促すためとして、2004 年に 5 年間の限時法として新たに制定された
ものである。その後、平成の合併の終了宣言に伴う 2010 年の法改正に
より、国や都道府県による積極的な関与など合併推進のための措置を
廃止し、合併の円滑化のための措置を定める特例法とした上で、期限
を 10 年間延長し現在に至っている。

〈現行特例法上の特例措置〉
○議会議員の定数・在任に関する特例（合併後一定期間は編入合併時に
　旧市町村の人口規模に応じた議員定数の増加、旧市町村議員の在任が
　可能）
○地方税に関する特例（合併後 5 年間は不均一課税等が可能）
○合併算定替（合併後 5 年間は旧市町村が存続しているとみなして普通
　交付税を算定）
○合併特例区（合併後 5 年間は関係市町村の協議により期間を定めて、旧
　市町村区域に特別地方公共団体の設置が可能）
○合併協議会設置の住民発議・住民投票など

　なお、山本専門小委員長は「合併特例法を合併推進のツールと受け
取られ、誤解されている向きもある」と述べているが、そう言えるだ
ろうか。確かに 2010 年の法改正で国・都道府県の積極的関与、合併推
進債等は廃止されたが上記の特例は残っており、それらは「合併の障
害を除去するための措置」と言っても、事実上は推進施策である。合

併協議会設置の住民発議も有権者の50分の1以上の連署で可能である。

　合併は広域連携の重要な受け皿の一つであり、政府の自治体戦略上、不可欠なものである。今回、答申の中でも新たに「今後、急速な人口減少と高齢化が進行することが見込まれる中にあって、地域によっては、行財政基盤を中長期的に維持していくための手法として検討することも考えられる」と明記しており、三大都市圏の市町村も視野に入れて合併推進を図っていく方針である。

　平成の合併を「一区切りとする」とした2010年4月以降においても、現行特例法の下で7件の市町村合併が行われ、そこでもこれらの特例措置が推進策として活用されている。

　同時に破綻事例もある。筆者も関わってきた神奈川県の小田原市と南足柄市の合併問題は、編入される南足柄市側の住民の反対運動で破綻したが（2017年12月）、その推進理由、契機になったのは、小田原市側の特例市制度の廃止、中核市移行要件の緩和、合併による行財政基盤の強化、連携中枢都市圏構想への期待である。政府側は、自主的な選択と言いつつ、合併に誘導する布石をさまざまな形で打っている。

(5) 小括

　今次の地制調では、新たな広域連携の仕組みづくり、圏域単位での行政推進（法制化）と2020年3月末で期限切れとなる合併特例法の取り扱いが提起されたため、総会では専門小委に参加していない国会議員、地方六団体の委員から厳しい指摘や意見が相次いだ。

　国会議員委員は、「机上で考える合併は、それはそれでうまくこなせるが、住民の中には様々な感情、思い、しこりがある。住民感情をしっかり踏まえて審議すべき」「合併した後も地方の疲弊が止まらない、地方分権、市町村合併が一体何だったのか、検証が必要」「合併や広域行政、これまでやってきたことを検証し反省すべき」と述べた。

　地方六団体の委員は「平成の合併で中心以外の周辺地域は疲弊して

いるとの批判がありながら、本格的な検証がされていない。これから更なる拡大した『圏域』にすることには賛成できない。むしろ合併した一部地域が住民投票で分離独立できる制度創設の検討を提案したい」（2018 年 12 月 18 日第 2 回総会）、「随所に地域、組織の枠を越えた連携という記述があるが、当事者間で受け止め方を一歩誤ると平成の大合併の時のように強制的な広域行政の推進に繋がりかねない」（第 3 回総会）等の発言、指摘をした。

　然るに、事務局（総務省）は合併問題については独自の検証や調査は提起せず、専門小委でも深掘りしていない。それには一定の布石があったと思える。今次の地制調の重点は、自治体戦略 2040 構想でも提起された新たな広域連携の仕組みづくり＝圏域単位での行政推進体制の確立（法制化）である。この方針は、ある意味では自民党政務調査会「財政再建に関する特命委員会」が提起した「更なる合併を推進する枠組み」の検討とも繋がっており、合併推進を前面に打ち出しては、地方六団体側に反対、慎重な意見が強いなか、本来の重点課題の実現も難しくなる。実際に、全国町村会の荒木会長は、答申を決めた総会（2020 年 6 月 17 日）でも「もし容認できない方針が打ち出されるならば、全国 926 の町村を挙げて断固阻止すべく行動を起こしていく決意である」と述べている。そのため、合併方針については従来の地制調答申の趣旨を踏襲することを明確にし、合併総括や検証には深入りせず、「期限切れを迎える現行合併特例法への対応」に焦点を絞り、広域連携のもう一つの受け皿確保に向けて現行合併特例法の 10 年延長の合意を早々に図ったと思われる。

　また、広域連携、圏域行政の推進では、運営面での安定性、継続性が求められるとして、執行段階は勿論、計画段階から合意形成や役割分担、利害調整等に新たな仕組み、「連携協約」の導入を検討してきた。これは実質的には圏域行政の推進、広域連携の名による「ステルス合併」の内容を強めるものである。

　最終的に、現行特例法の延長は承認され、2020年の通常国会で成立したが、圏域行政の法制化は今次答申には盛り込まれず、実施方針の具体化も見送られた。しかし、広域連携、圏域行政は事実上進むと思われる。最終答申案では、これまで専門小委で議論されなかった広域連携の財政措置について、新たに「今後、定住自立圏・連携中枢都市圏のほか、様々な市町村間の広域連携によって特に地域において必要な生活機能を確保していくことが必要であることを踏まえ、関係市町村に発生する需要について適切な財政措置を講じる必要がある」と明記され、承認された。これは生活機能の確保に広域連携で取り組む市町村に財政措置を講ずるもので、事務局は「インセンティブではなく広域化の行政需要に対応するもの」と述べているが、自治体の財政が厳しいなか、実質的には財政誘導として機能することは明らかである。

　全国町村会も「今回、圏域行政的な連携のみならず様々な連携について、当事者の市町村が自ら選択して取り組む際に財政措置の必要性の提言がされたことは一定の理解をしたいと思います。しかしながら、制度設計に当たっては、圏域行政を含む特定の広域連携への事実上の誘導とならないよう強く要請します。（中略）私どもが過去に、自主的と称する市町村合併において、財政措置を動員して苦渋の選択を迫られた苦い経験をいまだに持ち続けており、町村の現場には、新たな圏域行政への布石ではないかとの強い懸念や根強い不信感が厳然としてある」と懸念を表明している。

2　政府は「平成の合併」をどう総括しているのか

　「平成の合併」については、既に全国町村会をはじめ各都道府県、該当市町村、研究者等が様々な観点から論じており、詳細はそれらを参照していただきたい。ここでは地制調での審議に当たって示された事務局の考えや評価について、実態を踏まえて批判的に検討したい。

⑴　合併市町村の状況と「平成の合併」の成果・課題

　「平成の合併」に係る総括は、第 23 回専門小委（2019 年 9 月）に出
された「期限切れを迎える現行の合併特例法への対応に係る論点に対
する考え方」の最初の論点「基礎自治体についての現状と今後」の中
で示されている。その要旨は次の通りである。

〈合併市町村の行財政基盤の状況やまちづくりの成果及び課題をどう評価するか〉
○平成 11 年以降の全国的な市町村合併により、市町村数は 3,232（1999
年 3 月 31 日現在）から 1,727（2010 年 3 月 31 日現在）となった。その後、
現行法の下で 7 件の市町村合併が行われ、市町村数は 1,718（2019 年 9
月 26 日現在）となっている。これにより市町村の平均人口はほぼ倍増
し、人口 1 万未満の市町村は大幅に減少した。平均面積もほぼ倍増し、
市町村の行政区画と人々が日常生活で往来する区域とがほぼ一致する
ようになった市町村も見られる。
○合併市町村では、専門職員の配置されている市町村の割合の上昇や
専門職員の配置人数の増加、組織の専門化が見られるほか、行政サー
ビスの充実、行政区域の拡大に応じたまちづくり、地域資源を活かし
た地域活性化の事例も数多く報告されている。同時に、職員総数の削
減、公共施設の配置の適正化など効率的な行政運営の取組が進められ、
財政力指数の上昇など財政基盤も強化されている。
○一方で、市町村合併による行政区域の拡大に伴い周辺部の旧市町村
の活力が失われ、住民サービスが低下しているとの指摘や役場がなく
なったこと、地元選出議員が減少したことなどにより、住民の声が届
きにくくなったとの指摘もある。こうした課題に対して、支所等の設
置、地域自治区の活用、コミュニティバスの運行などにより住民サー
ビスを維持する様々な取組が行われている。また、市町村合併が急速
に進んだ時期から、地域運営組織の活動が活発に展開されるようにな
り、こうした活動を支援する取組も行われている。
○こうして見ると、1999 年以降の市町村合併により、多くの市町村に

おいて行財政基盤の強化が図られているのではないか。そして、市町村合併後のまちづくりは未だ進行中であり、課題も指摘されているものの、多くの合併市町村において、市町村合併の様々な成果が既に現れているのではないか。

〈市町村合併後の市町村の状況や課題の多様性をどう考えるか〉

○多くの市町村で行財政基盤の強化が図られている一方で、小規模市町村は依然として多く、人口 1 万人未満の市町村は 512 団体（2015 年10 月 1 日現在）存在する。市町村の規模が多様になっていることなどに伴い各市町村が抱える課題も多様となっており、市町村を個別に見た場合、基礎自治体として住民に必要な行政サービスを提供していく役割を果たしていく上で必要な組織、職員配置等の事務処理体制や財政基盤に課題が残されている団体もあるのではないか。

(2) 合併で行財政基盤、行政サービスはどうなったのか

　事務局が成果として最も効果があったと強調しているのは行財政基盤の強化であるが、果たしてそう評価できるのか。

　このことでは、合併算定替が減額期に入り、その終了も間近に迫ってきた時期に、全国の合併市で設置された「合併算定替終了に伴う財政対策連絡協議会」が、「合併算定替終了後の新たな財政支援措置を求める決議」（2014 年 11 月 12 日）をして政府に新たな支援を求めている。その内容をみれば、合併市の深刻な実態がよくわかる。

　そこでは、「合併市町村においては厳しい財政状況の中、普通交付税に算定の特例となる合併算定替の措置等により、住民サービスを何とか維持しているものの、合併算定替は合併後 10 年間の特例期間に続き、5 年間の経過措置を経ながら段階的に減額され、最終的に減額は約9,500 億円に上る。合併市は、これまで職員数の削減や給与カット、組織の見直しや公共施設の統廃合など様々な行財政改革に取り組み、合併による効果を生んできたところであるが、その一方、合併で周辺部

となった旧市町村地域では、人口減少に歯止めがかからず、地域の疲弊が深刻な状況に直面している。こうした厳しい状況の中で、大型化し頻発する自然災害に係る防災減災対策及びそのための支所・消防機能の確保、幼稚園・保育所などの子育て環境及び高齢者保健福祉の確保、地域コミュニティの維持、人口減少対策並びに離島特有の対策など、合併しても削減できない経費及び合併に伴い新たに発生した経費として多額の財政需要が存在している」と述べ、「合併市特有の財政需要の実態を十分に踏まえた上で合併算定替終了後の財政支援措置を行うこと」を強く要望している。

　これを見ても、合併で行財政基盤が強化され、行政サービスが充実したとはとても評価できない。合併自治体が行ったのは職員削減、賃金カット、公共施設の統廃合・再編であり、住民サービスの切り捨てである。端的に言えば、合併は地方自治体の財政基盤を強化するものではなく、究極の行政改革であり、政府側の行財政・交付税改革に資するものである。

　「合併算定替終了に伴う財政対策連絡協議会」の試算によれば、合併市町村（590団体）の合併算定替終了による普通交付税の影響額は約9,304億円（2012年度当初予算ベース、合併算定替の場合7兆141億円、一本算定の場合67,837億円）にもなる。これは平成の合併で政府は普通交付税を約1兆円も減額できたということである。合併市の周辺部が疲弊するのは当然の帰結である。また、合併市も合併算定替で確保された交付税をどう活用したのか、庁舎建設から地域自治の拡充策まで様々であるが、その内実が問われる。

　政府・総務省は、合併を国策として主導してきたことから、こうした合併市の実態を無視できず、要望に応えて合併後の「市町村の姿の変化に対応した交付税算定」の見直しを行い、2014年度以降順次、地域振興費（支所、離島等経費）、消防費、保健衛生費、教育費、都市計画費、農業商工行政費などの加算措置を講じてきた。全部が実施され

れば、総額で約 6,700 億円になるという（表 10-1 参照）。その意味で
は、合併はまさにこうした行政分野の財政基盤を弱体化させてきたの
であり、実態に即した是正措置は当然のことである。

　次は、行政（住民）サービス充実の課題である。

　このことについて、合併市は「職員数の削減や公共施設の統廃合な
ど様々な行財政改革」に取り組んできたと述べているが、それは総務
省が 2014 年に合併市町村 590 団体を対象にして実施した「市町村合併
に関する調査」でも明らかである。

　「市町村合併による効果」という設問で最も多かった回答は「職員配
置の適正化や公共施設の統廃合など行財政の効率化」（74.9％）である。
職員数や公共施設を率先して減らして、住民サービスの維持・向上が
図れるのか。むしろ、それこそが今日の新型コロナウイルス感染症や
台風、地震、集中豪雨など災害対策への対応に困難をきたしている要
因になっている。

　公共施設等総合管理計画でも、合併市ほど施設削減の数値目標が高
くなっており、それは周辺部の旧市町村部にしわ寄せされている。そ
の端的な事例が浜松市である。同市は 2005 年に 12 市町村による広域
合併を行い、全国で 2 番目の広大な市域を持つ都市となった。同市の
「アセットマネジメントの取組み」（2018 年 4 月 23 日）によれば、2009
〜2015 年度の 7 年間で 439 施設を削減している。内訳は閉鎖 229、管
理主体変更 153、譲渡 24、貸付 33 である。それを地域別にみると、合
併した旧町村部に集中しており、当該の天竜区、北区で全体の約 7 割
にもなる。また、この間（2010〜2015 年）の人口の推移を見ると、天
竜区は 33,957 人→30,311 人（△10.7％）に減少している。

　基本的な公共施設は日常生活圏に整備していくのが基本であり、安
易な統廃合・削減、都市部への集中を行えば、周辺部の人口流出、衰
退、過疎化が加速するのは当然である。

　事務局の現状認識、評価は、その意味では一面的であり、こうした

表10-1　合併後の市町村の姿を踏まえた交付税算定の見直しについて

┃**基本的な考え方**┃

　平成の合併により、市町村の面積が拡大する等市町村の姿が大きく変化したことを踏まえ、合併時点では想定されていなかった財政需要を交付税算定に反映。（2014年度以降5年程度の期間をかけて見直し）

• 具体的な見直し内容は下記のとおり

見直し年度	費目	見直し内容	影響額
2014	地域振興費	• 支所に要する経費を加算	3,400億円程度
2015	消防費	• 標準団体の出張所数等を見直し • 旧市町村単位の消防署・出張所に要する経費を加算 • 人口密度による補正を充実	1,100億円程度
	清掃費	• 標準団体の経費を見直し • 人口密度による補正を新設	
	地域振興費	• 離島、属島の増嵩経費を反映（消防、清掃分）	
2016	保健衛生費 社会福祉費 高齢者保健福祉費	• 標準団体の経費を見直し • 旧市町村単位の保健福祉に係る住民サービス経費を加算	1,200億円程度
	その他の教育費 徴税費	• 標準団体の経費を見直し • 人口密度による補正を充実	
	地域振興費	• 離島、属島の増嵩経費を反映（保健福祉等分）	
2017	地域振興費	• 支所に要する経費を増額	500億円程度
	その他の教育費	• 人口密度による補正を新設	
	都市計画費 その他の土木費 農業行政費	• 標準団体の経費を見直し	
2018	その他の教育費 （220億円程度）	• 標準団体の経費を見直し • 人口密度による補正を充実 ※図書館及び社会体育施設	500億円程度
	保健衛生費 （60億円程度）	• 旧市町村単位の保健センター運営費等の経費を増額	
	商工行政費 （30億円程度） 地域振興費 （40億円程度） 包括算定経費 （150億円程度）	• 標準団体の経費を見直し	
	合　　計		6,700億円程度

・上記について、見直し年度以降3年間かけて段階的に交付税の算定に反映。
・影響額は合併団体に対する影響額であり、各年度の算定によって若干の変動がある。（出所：総務省資料）

事実をきちんと踏まえて検討すべきである。

おわりに

　今次の地制調答申では、広域連携、圏域行政の法制化は見送られたが、新たな広域連携の仕組みづくりや財政誘導策が講じられ、また、合併特例法も10年延長された。政府の自治体の再編、圏域化方策は今後も強まることは必至であり、予断を許さない。

　平成の大合併では、合併を選択しなかった小規模市町村が、政府主導の上からの合併策動に対抗し、住民とともに自らの実践で新たな可能性と展望を築いてきた。その典型的な実践例が「小さくても輝く自治体フォーラムの会」の活動である（詳しくは自治体研究社「小さい自治体　輝く自治」2015年他を参照）。

　全国町村会も2008年10月に公表した「平成の合併をめぐる実態と評価」の中で「合併を選択しなかった町村における調査からは…自治の新たな可能性が展望できる」として、要旨次のように述べている。「合併しなかった町村では、厳しい財政状況の下、行政と住民が『愛着』と『責任感』を共有することで難局を乗り切り、手触り感のある範囲で、身の丈に合った地域経営を推進した。地域の実態や特性に即した独自の価値観を共有できる地域社会の実現である。既存の財政的基準、規模の大小のみで市町村の行財政運営能力を評価することなく、合併を選択せずに、行政と住民の連帯を活かした効率的な行財政運営に取り組む市町村を、正当に評価することが必要である。」

　今後も人口減少、少子高齢化、連続する災害・感染症対策など厳しい現実もあり、課題は山積しているが、それだからこそ政府の自治破壊、財政効率・規模拡大最優先の自治体戦略でなく、地域に根差し、憲法と地方自治、公共性を基軸にした「新たな自治の可能性を展望」する取り組みが切実に求められている。

第IV部

自律・自治の自治体論

自律・自治の自治体間連携と地方議会

榊原秀訓

はじめに

　本章では、まず、安倍政権やそれに続く菅政権において、地方自治にとどまらない自律、自治や独立性といった法的価値がどのように扱われてきたのかをみていく。具体的には「選挙独裁」や独立性・専門性の否定といった問題に関して、幾つかの具体例に触れていく。また、政策形成のあり方の変化について検討する。

　次に、第32次地方制度調査会（以下、「地制調」）設置前の総務省の自治体戦略2040構想研究会の報告書（第一次報告書と第二次報告書があるが、第二次報告書について、以下「2040構想」として触れる）や地制調「2040年頃から逆算し顕在化する諸課題に対応するために必要な地方行政体制のあり方等に関する答申」（以下「地制調答申」）において、団体自治がどのように扱われてきたのかをみていく。これらの報告書における関心は、行政サービスの提供のあり方にかかわることから、行政民間化・デジタル化や「圏域行政」の問題に触れ、考え方の変化が憲法的価値等をどのように変容させていくのかについて言及する。

　最後に、地方分権改革においては制度的には大きな変容がなかったと考えられる地方議会について、小規模自治体の抜本的な変容を目指した総務省の町村議会のあり方研究会報告書（以下、「議会のあり方提案」）と、そのような改革提案には直接踏み込まなかった地制調答申について検討するとともに、第二の論点との関係での議会のかかわりを示す。

　上記の提案については、憲法的価値の観点から、日本弁護士連合会

（日弁連）などの見解に言及するとともに、より長期的な大きな観点か
ら、自律や自治について論じていきたい。[1]

1　官邸主導と自律・自治・独立性

(1)　「選挙独裁」と「大統領的首相」

　安倍政権や菅政権においては、しばしば官邸主導の政治が語られる
が、これはまずイギリスで従来から論じられてきた「選挙独裁（選挙
による独裁）（Elective Dictatorship）」を想起させる。選挙によって選ば
れた多数党の党首が首相となり、そこに権力が集中しているようにみ
えるからである。[2]国民との関係では、強いリーダーシップの確立のた
めに、「選挙」による「白紙委任」が強調される。橋下が大阪市長時代
に強調していた「独裁」（後に「決定できる民主主義」または「決定でき、
責任を負う民主主義」と言い換えている）や菅直人元首相が「民主主義
というのは『交代可能な独裁』だと考えている。[3]」とする場合、この
「選挙独裁」と同趣旨のものと考えられる。

　もちろん、こういった古い概念のみで安倍政権や菅政権を把握する
ことは十分ではない。安倍政権の無数の政策のキャッチフレーズに典
型的に現れている、イギリスのブレア政権下の「スピン」、「スピニン
グ」の手法にも注目しなければならない。[4]イメージ戦略として、問題

1　既に、2040構想については、榊原秀訓「地域活性化と自治体戦略2040構想」月刊全労連
　263号（2019年）14頁〜21頁、地制調答申については、同「第32次地方制度調査会答申から
　見る国の自治体戦略」自治と分権81号（2020年）40頁〜50頁、議会のあり方提案については、
　同「町村議会のあり方研究会報告と2040議会」住民と自治672号（2019年）28頁〜32頁で検
　討したことがあり、本稿にはこれらと一部重複する箇所があることをお断りしておく。

2　Lord Hailsham, *Elective Dictatorship* (British Broadcasting Corporation, 1976). 「選挙独裁」
　または「選挙による独裁」については、倉持孝司「イギリスにおける市民的自由の保障の新展
　開」同『イギリスにおける市民的自由の法構造』（日本評論社、2001年）199頁、元山健『イ
　ギリス憲法の原理―サッチャーとブレアの時代の中で』（法律文化社、1999年）66頁、小松浩
　『イギリスの選挙制度』（現代人文社、2003年）89頁も参照。

3　菅直人『大臣（増補版）』（岩波新書、2009年）151頁。高見勝利『政治の混迷と憲法』（岩
　波書店、2012年）136頁も参照。

4　近藤康史『分解するイギリス』（ちくま新書、2017年）167頁、今井貴子『政権交代の政治

のある政策を問題がないかのようにみせ、価値の低い政策をあたかも
価値のある政策であるようにみせるものである。安倍政権では、それ
に隠蔽や虚偽すら混ぜられているようにみえる。また、政治学におい
ては、権力や行政責任の首相個人への集中化が進むと同時に、首相が
議会や政党を経ることなく直接国民に訴え、信任を得ようとする傾向
の増大として、「大統領的首相」といった主張がなされてきた。ブレア
政権においては、政治的任用の特別アドバイザーが量的に増加し、そ
の役割も拡大して、そのような中で、官邸主導の政策形成が語られて
きた。[5]わが国においても、同様の官邸主導の政治を指摘できる。イ
ギリスの場合に、特別アドバイザーが政治家に助言するにとどまらず、
公務員に命令することが問題視され、その役割の限定が図られたよう
に、わが国の場合、省庁に対して大きな影響力をもっているようにす
ら考えられる官邸官僚の役割の見直しが必要である。また、「大統領
化」したからといって、憲法や法治主義を無視して、何でもできるよ
うになるわけではないし、首相の責任も大きくなるはずである。

(2)　独立性・専門性の否定

1)　組織や人事における独立性の否定

　すべてのものをコントロールしようとするブレア政権の「コントロ
ールフリーク（マニア、熱狂者)」も注目される。わが国においても、一
定の独立性が期待されたり、保障されたりしている組織の独立性を損
なう制度改革や人事が行われている。[6]まず組織に関しては、「行政委員

力学』（東京大学出版会、2018 年）66 頁、147 頁～149 頁。
5　阪野智一「執政府はどのように変化しているのか」『現代イギリス政治（第 2 版)』（成文
堂、2014 年）23 頁～31 頁、近藤康史「ひび割れていく『大統領型』首相」梅川正美ほか編著
『イギリス現代政治史（第 2 版)』（ミネルヴァ書房、2016 年）217 頁～219 頁、222 頁～224 頁、
228 頁～231 頁、近藤・前掲注 (4) 163 頁～175 頁。大統領化が一般的な現象であることにつ
き、T・ポグントケ・P・ウェブ編（岩崎正洋監訳）『民主政治はなぜ「大統領化」するのか』
（ミネルヴァ書房、2014 年）参照。
6　「政治主導」を強調してきた山口も同様の問題点を指摘する。山口二郎『民主主義は終わる
のか』（岩波新書、2019 年）。

会」の権限縮小の制度改革が幾つかの分野で行われる。また、独立性が要求されるポストに、従来の慣例とは異なる人事などによって、政府と親和性の高い見解を有するものを配置している。内閣法制局長官、行政組織外部でも日銀総裁、ＮＨＫ会長の人選などの問題がある。

　これらとは異なり、一般の省庁との関係でも官邸主導の問題をどのように評価するかという論点がある。内閣人事局設置後の幹部層における「政治的任用」への接近である。[7]政官関係の問題としても、政治的判断によって十分な議論もなく専門的判断を覆し、専門性だけではなく、透明性も踏みにじっている。

　独立性の観点からより深刻であるのは、日弁連が最高裁を通じて示した当初の推薦リストになかった山口厚の任命により長年の「慣例」が破られたことである。[8]安倍政権は、「内閣」に任命権があることから、そのような対応が可能と考えたのではないかと思われる。最近批判の対象となり、検察庁改正案が廃案となった検察官の定年延長の問題も、「行政組織」の一部である検察は、当然「内閣」の自由になると考えていたようであるが、「司法権の独立と結びついた、一般の公務員とは異なる独自の地位と役割が与えられている」のである。[9]菅首相の下で大きな社会的関心となっているのは、日本学術会議の推薦にもかかわらず、候補者６名を会員に任命することを拒否した対応である。[10]

　さらに、コントロールは、教育改革、メディア監視、「政治的中立性」の名の下における表現の自由規制、あいちトリエンナーレ「表現の不自由展・その後」問題にみられる内容への介入や補助金不交付と

7　内閣人事局の問題やその運用の問題点について、晴山一穂「加計・森友問題と公務員制度のあり方を考える」KOKKO 30 号（2018 年）68 頁～74 頁参照。

8　裁判官任命にかかわる問題について、晴山・前掲注（7）70 頁、同「問われる最高裁の思考様式」法と民主主義 544 号（2019 年）33 頁、見平典「最高裁判所裁判官選任過程」市川正人ほか編著『現代日本の司法』（日本評論社、2020 年）300 頁～301 頁等参照。

9　晴山一穂「検察官人事に見る安倍政権の司法支配」法と民主主義 547 号（2020 年）34 頁等参照。

10　晴山一穂「日本学術会議任命拒否の問題点」研究機構・研究と報告 140 号（2020 年）。

いった、文化・イデオロギー統制にもつながっている。

　本章で検討する地方自治も、以上の文脈で理解する必要があるように思われるし、これらは、単に自治・自律性・独立性を損なうだけではなく、専門性や透明性を損なうという問題を発生させていることにも注意しなければならない。

　2）　官邸主導・総務省主導の政策形成

　統治機構の状況をみてみると、法律の制定過程をはじめとする政策形成過程も関心事となっている。近年では、「選挙独裁」だけではなく、官邸主導やニュー・パブリック・マネジメント（New Public Management＝NPM）手法の影響からPDCAサイクルによる国会軽視がみられる。首相などの政権中枢の意向が強く反映されるトップダウン型の仕組みである「政策会議（御前会議）」と呼ばれる会議において[11]、基本計画が策定され、それが閣議決定され、KPI（重要業績評価指標）による評価がなされる。そして、政策会議で必要な法律が検討され、法案の点検や事後に法律の効果の点検がなされる。国会を回避した決定システムとなっているように思われる。

　また、安倍政権は、従来の政策を検証せず、新しい政策を次から次へと手を替え品を替え提案している。財務省出身者からは、これは現在官邸で幅をきかしている経産省関係者の文化であると指摘されている[12]。政策の検証不足は、政策形成の基礎となるエビデンスの不存在にもつながっている。国民・住民や企業にはエビデンスを求めるが、自らの政策はエビデンス不足である。従来の法解釈の変更においても、理由が不確かで、事後につじつま合わせをしているようにみえるものがある。省庁との関係では、専門の担当省庁を見下した官邸主導の政治行

11　野中尚人・青木遙『政策会議と討論なき国会』（朝日新聞出版、2016年）104頁、108頁。この本に言及するものとして、片桐直人「『官邸主導』政治のコントロール」片桐直人ほか編『憲法のこれから』（日本評論社、2017年）142頁〜143頁も参照。また、御前会議について、森田朗『会議の政治学Ⅱ』（慈学社出版、2014年）124頁〜155頁参照。

12　田中秀明『官僚たちの冬』（小学館新書、2019年）第2章「安倍政権の光と影」。

政が展開されている。

　地方自治にかかわって、政策形成のあり方として注目されるのは、総務省内部における研究会の存在である。この研究会の数が極めて多数に及んでおり、また、現在検討しているテーマとの関係では、自治体関係者を排除しつつ、総務省主導で報告書をまとめたものとなっており、地制調の地ならしをする役割を果たしていることである。構成員の相違は、研究会報告書と地制調答申の内容の相違を生むことから、あえて地制調に先行して研究会を行っているように思われる。さらに、地制調には自治体関係者や学識経験者が入っているが、会長に経済界代表がついていることも注目されるところであり、地方自治が経済政策に従属していることを端的に象徴している。

2　行政サービスの提供と自治体間連携

(1)　スマート自治体と地方行政のデジタル化

1)　AI等の活用とスマート自治体

　2040構想において打ち出され、最も物議を醸したものが「圏域行政」であることは誰もが認めるところであるが、地制調答申では、先に「地方行政のデジタル化」が扱われるようになっており、ここでもそれに関連した論点を先にみておきたい。

　2040構想で目新しいものは、AI等の活用を強調していることである。そして、そのためにデジタル化を通した標準化・共通化を促進し、民間企業の市場の拡大も図られているように思われる。[13] まず、「スマート自治体への転換」において、「従来の半分の職員でも自治体として本来担うべき機能が発揮でき、量的にも質的にも困難さを増す課題を突破できるような仕組みを構築する必要がある」ことが述べられ、多

13　2040構想における行政サービス民間化政策については、萩原聡央「『自治体戦略2040構想』と行政サービスの民間化」晴山一穂ほか編著『官僚制改革の行政法理論』（日本評論社、2020年）379頁〜395頁が詳しい。

数の自治体に衝撃を与えた。そして、それを実現するために、「破壊的技術（AIやロボティクス、ブロックチェーンなど）」の活用、「自治体行政の標準化・共通化」の推進が提案されるわけである。また、「公共私によるくらしの維持」では、「自治体は、新しい公共私相互間の協力関係を構築する『プラットフォーム・ビルダー』へ転換する」ことが求められる。これは、自治体が「サービス・プロバイダー」から、「プラットフォーム・ビルダー」へ転換することを求めるものである。

　「半分の職員数」は、「公・共・私のベストミックス」として、行政サービスのアウトソーシングの拡大と結びついた「公的サービスの産業化」と連動している。窓口業務を担当する地方独立行政法人、包括的民間委託、地域運営組織の活用といった論点である。自治体の役割は、「プラットフォーム・ビルダー」へと縮小し、他の主体による行政サービスの提供が拡大し、その一層の拡大のために「標準化・共通化」は技術的な事項に限らず、「自治体行政」一般へと広がる危険性がある。

2）　地方行政のデジタル化

　地制調答申においては、「半分の職員数」といったキーワードがなくなり、行政サービスにかかわる自治体の役割が、「プロバイダーからプラットフォームビルダーへの転換」とされていた2040構想とは異なり、「行政サービス提供の役割」とともに「プラットフォームを構築していく役割」を担うものへと変化するなどの相違がある。しかし、それにもかかわらず、法定事務の「一定の拘束力のある」標準化や後述の「地域の未来予測」を踏まえた公共私の連携等、実質的には地制調答申は2040構想の延長線上にあり、2040構想に対する疑問や批判が地制調答申にも当てはまると考えられる。総務省審議官の阿部は、デジタル化への強い関心を示し、システムの標準化とAI等の活用による窓口業務の地方独立行政法人への委託の容易化や、無人窓口の実現すら述べる。[14]AI等が一定の程度の効率化には役立つとしても、住民

14　阿部知明「これからの地方行政体制の姿―第32次地方制度調査会答申を読む―」地方自治

との接点を保障し、職員が住民と直接やり取りできることは住民の権利利益保障の点でも重要であると考えられる[15]。

　また、デジタル化との関係で、個人情報保護条例との関係に一言だけ触れておきたい。わが国においては、個人情報保護の強化の必要性があることが論じられる一方で、それを制限するようにみえる主張もある。「これまで個人情報保護に取り組んできた先進的な地方公共団体の存在も踏まえれば、デジタル化を進めて住民等に利便性の高い行政サービスを提供するための上乗せ・横出し的な規律を条例が置くことは、許容されるべきである。しかし、そのような合理的な理由の存しない限りは、国民個人でもある住民の権利利益の保護の関連から見て、個人情報の定義や取扱いは可能な限り集約されることが望ましい」といった主張である[16]。もっとも、個人情報保護という自治事務に対する「上乗せ・横出し的な規律」という表現の適切性はともかくとして、そのような条例を制定できることは当然だと考えられ、他方で、「合理的な理由の存しない」場合がいかなる場合を想定しているのか、実際に存在しているのか不明であり、自治体の条例制定権を必要以上に制限的に理解しているように思われる。

　2040構想や地制調答申のこれらの部分は、一面では地方行革を推進するものとなっているが、その進め方として、建前としても住民の意見を聴くといったことではなく、それに代わって官邸主導の政策形成の具体化のみが求められているようにみえる。経済財政諮問会議や、法律に基づかずに設置された未来投資会議のSociety 5.0を根底に置き、自治体版の政策が展開されていると考えられるからである。

873号（2020年）2頁～4頁、9頁、22頁～24頁。

15　黒田兼一・小越洋之助編著『働き方改革と自治体職員』（自治体研究社、2020年）（特に、黒田兼一・山縣宏寿「AI・ロボティクス時代の自治体職員」）、白藤博行・自治体問題研究所編『デジタル化でどうなる暮らしと地方自治』（自治体研究社、2020年）（特に、久保貴裕「AI・デジタル化と公務の現場」）参照。

16　宍戸常寿「地方行政のデジタル化に関する論点」自治実務セミナー699号（2020年）9頁。同「地方行政のデジタル化と個人情報保護」地方自治876号（2020年）2頁～19頁も参照。

　新型コロナウイルス感染症への対応は、地方自治の重要性を示すものでもあったが、地制調答申は、新型コロナウイルス感染症に言及するものの、それはSociety 5.0とも結びついたデジタル化の推進の意図の下になされたものにとどまっている。しかしながら、それは、自治体の現状を無視した国の科学的根拠のない一方的な決定を押しつける国地方関係や、保健衛生・医療分野におけるこれまでの行政改革による組織の縮小、民間委託を通した行政執行の問題点を明らかにしたものであった。例えば、イギリスにおいては、新型コロナウイルス感染症の蔓延前から、行政サービスのアウトソーシングではなく、社会正義や社会的価値を重視したインソーシングが一つの政策的選択肢となり、また、新型コロナウイルス感染症により行政の関与が強化されているという実態が存在している[17]。単にデジタル化のみを論じるのでは不十分であり、「自助」を強調して、「公助」の役割を最小限のものにとどめようとする菅首相の姿勢は、イギリスの実態とは対照的である。

(2)　団体自治と自治体間連携

1)　圏域行政

　2040構想は、まず、「圏域単位での行政をスタンダードにし、戦略的に圏域内の都市機能等」を守ることや、「圏域内の市町村間の利害調整を可能とすることで、深刻化する広域的な課題への対応力（圏域のガバナンス）を高めていく必要」を述べ、「圏域単位で行政を進める…法律上の枠組みを設ける」として、「圏域行政の法制化」を掲げ、また、「都道府県・市町村の二層制を柔軟化」することすら述べる。

　これに対して日弁連は、以下のように、その内容や検討の過程について批判的な意見書を提出する[18]。つまり、全国的に国が主導して、市

17　榊原秀訓ほか『行政サービスのインソーシング―「産業化」の日本と「社会正義」のイギリス』（自治体研究社、2021年）。

18　日本弁護士連合会「自治体戦略2040構想研究会第二次報告及び第32次地方制度調査会での審議についての意見書」（2018年10月24日）。その後も、日本弁護士連合会「第32次地方

町村の権限の一部を「圏域」に担わせる点で団体自治の観点から問題があり、公選首長や公選議員からなる議会もない「圏域」への財源措置は住民自治の観点から問題がある。また、直接公選の首長や議員からなる議会もない「圏域」に対し、国が直接財源措置を行うことは住民の意思を尊重する住民自治の観点からも問題がある。「圏域」単位での行政の在り方を検討するに当たっては、「圏域」の代表的なものである連携中枢都市圏構想について実証的な検証・分析が必要であり、平成の大合併についても、実証的な検証・分析を行うべきである。さらに、全国知事会、全国市長会や全国町村会等の現場からの意見等を十分に考慮し、尊重すべきというものである。

　また、この提案を行政サービスの提供と結びつけて説明しているのが、当時総務省の自治体戦略 2040 構想研究会の責任者であった山﨑重孝や、総務省と密接な関係にあった増田寛也の論文である。山﨑は、「現在のように都道府県と市町村という二層の地方政府をリジッドにしておくべきかどうか」が課題になるとし、「実際のサービス提供は標準化、ネットワーク化、アウトソーシング化によってそれぞれの地域に応じた一元化を進めることが必要になっていく」などとする[19]。また、増田は、GaaS（Governance as a Service）という概念を持ち出し、「必要な行政サービスが一元的に提供されれば、その主体は国だろうが、自治体だろうが、あるいは公的な民間組織だろうが、一向に構わない」とし、「GaaS が実現すれば、国から独立した地方公共団体が自らの意思と責任の下で自治体運営を行うことを目的とした『団体自治』はほとんどその役割を終える」とまで主張する[20]。つまり、単に行政サービ

制度調査会で審議中の圏域に関する制度についての意見書」（2020 年 3 月 18 日）を公表している。日弁連自身は、2019 年 11 月 6 日に「シンポジウム　平成の大合併を検証し、地方自治のあり方について考える」を開催し、分析、調査結果を報告し、また、2020 年 3 月に「『連携中枢都市圏』に関する実態調査分析結果報告書」を公表している。
19　山﨑重孝「地方統治構造の変遷とこれから」地方自治法施行 70 周年記念自治論文集（2018年）940 頁～941 頁、同「2040 年」地方自治 842 号（2018 年）12 頁～14 頁。
20　増田寛也「人口減少社会の到来と自治の未来」自治実務セミナー 685 号（2019 年）5 頁～

スのあり方だけではなく、地方自治の存在の必要性自体を論じている
ものと考えられる。そうだとすれば、公共私のベストミックス＝行政
民間化などとセットになった「圏域行政」の法制化は、憲法的価値を
否定するものであって、日弁連などが憲法的価値にかかわって批判す
るのもしごく当然のことであることがわかる。

2)　地域の未来予測

　2040 構想における「圏域行政」への批判を受けて、地制調答申は、
法制化を先送りしつつ、「地域の未来予測」を強調する。また、広域
連携は、「自主的な取組として行われるもの」としつつ、「多様な手法
の中から、最も適したものを市町村が自ら選択することが適当」とし
て、自治体間連携自体は、市町村合併の場合と同様、事実上強制する
ものとなっている。[21]「圏域」は地制調答申からはなくなっているもの
の、「地域の未来予測」、「財政措置」、「計画の共同作成」等を通して推
進されることが考えられる。特に、重要な道具となっている「地域の
未来予測」の基礎的枠組みやデータのあり方が大きな影響を与える。
　さらに、「連携計画作成市町村以外の市町村の参画を担保する」法制
度化の検討という部分について、日弁連は、「これは、当連合会が問題
点を指摘してきた『圏域』又はそれにつながる法律上の枠組みを指向
する内容である」とし、「中心市に権限と財源を集中し、市町村の対
等・平等を損ない、中心市と周辺市町村との間に格差を生じさせ、周
辺部の衰退を助長してしまう可能性があり、憲法上の保障である地方
自治の本旨の基本的内容をなす、地方自治の基礎的単位である市町村
の『住民自治』と『団体自治』を脅かすおそれがある」と厳しい批判
を行っている。[22]仮に法制度化されなくても、先に述べた事実上の強制

　　7頁。
21　金井利之「地制調答申から逆算して自治体が真剣に考えるべきことは何か？」地方議会人
　　2020 年 9 月号 6 頁。
22　日本弁護士連合会「『地方公共団体の広域連携』に係る第 32 次地方制度調査会答申に対す
　　る会長声明」(2020 年 6 月 26 日)。

が存在するものであって、両者に警戒が必要である。

　3)　行政サービス提供への関心の集中と市町村合併・住民の地位の変化

　地制調は、「市町村合併についての今後の対応方策に関する答申」も出しているが、最大の関心事は、「圏域行政」のような自治体間連携であると考えられる。それは、補完性原理に言及がなされ、規模拡大が目指された市町村合併とは大きく方向が異なるようにみえる。しかしながら、自治体の適正規模論は、民主主義の観点から考える場合と、行政サービス提供能力の向上を考える場合では衝突関係にあり、市町村合併のような規模拡大は後者を重要視したものであった。このように考えると、提案されている自治体間連携も行政サービス提供に焦点を当てるという意味で、市町村合併の延長線上にあるものと位置付けることもできそうである。

　また、行政サービスの提供のあり方が変容することによって、住民の権利利益の保障や、住民の地位に変化があり得る。イギリスにおいては、1990年代にNPM手法の行政改革により、行政のあり方、行政サービスの提供を民間企業によるものになぞらえたものとなり、自治体の主権者であり権利を保障された「住民」・「市民」を、サービスの受け手である「利用者」・「消費者」と位置付ける考え方へと変化してきた。それは、サービス提供について消費者の参加を認めるとしても、個人主義的な個々の要望や苦情にとどまるもので、有権者の集団的な見解を認めるものではなかった。[23]

　わが国においても、イギリスを一つのモデルにして、NPM手法や新しい行政民間化の手法が次々と導入され、継続している。2040構想や地制調答申における改革提案においては、こういったことが明示的に語られることはないにしても、民間企業を含めた主体により、最低限の内容の行政サービスが提供されれば足りるといった前提においては、

23　榊原秀訓「メージャー政権の『市民憲章』政策と行政苦情処理制度」名経法学3号（1995年）31頁～32頁等参照。

そもそも行政サービスを規律する民主的な基盤が保障されず、NPM 手法の行政と同様に、住民をサービスの受け手である利用者・消費者と位置付ける考え方にとどまっている。つまり、住民の希望が行政に聞かれ、それがサービスに反映されるのではなく、提供されるサービスに満足することを行政が求め、それに不備がある場合にのみ苦情に対応するといったものにすぎない。

　行政サービス提供の政策を考えても、標準化・共通化されたサービスという基本があることから、自治体の独自性は低下し、住民の集団的な声もサービス提供に反映し難くなると思われる。さらに、個人情報保護条例の独自性の軽視は、単に団体自治の軽視だけではなく、個人の権利保障の低下にもつながっている。団体自治を尊重しない政策においては、住民自治も尊重され難く、住民の権利保障は、やはり最低限のものにとどまることになる。

3　住民自治、地方議会のあり方と自治体間連携

(1)　地方議会改革と住民自治

1)　「集中専門型議会」と「多数参画型議会」という地方議会モデルの提案

　人口減少社会との関係で、小規模自治体においては、議員のなり手不足が深刻化し、高知県大川村において議員のなり手不足から町村総会が模索されたことを契機に、議会のあり方提案において、小規模自治体の新たな議会モデルが示されてきた。議会のあり方提案は、町村総会について否定的な評価をすると同時に、現行のモデルに加えて、「集中専門型議会」と「多数参画型議会」という新しい二つの地方議会モデルを提案した。前者は、「少数の議員によって議会を構成するものとし、議員に専業的な活動を求める」方向性を有し、「議員には、首長とともに市町村の運営に常時注力する役割を求めるとともに、豊富な活動量に見合った議員報酬を支給し、議員活動そのものによって生計を立て」ようとするものである。これに加えて、住民が、裁判員と

同様の資格での「議会参画員」として、議事に参画する。後者は、「本業を別に持ちつつ、非専業的な議員活動を可能とする」方向性を有し、「議会の権限を限定するとともに議員定数を増加することによって、議員一人ひとりの仕事量や負担を緩和するとともに議会に参画しやすい環境整備として議員に係る規制を緩和し、議会運営の方法を見直すもの」である。

2）　憲法の理念や二元代表制との関係

　これらの提案について、町村議会議長会・市議会議長会や日弁連等から批判が出されている。[24]例えば、全国町村議会議長会は、「研究会設置趣旨の『町村総会のより弾力的運用』について研究すべきである。」、「現場からの声、自主的な取り組みを重視すべきである。」、「議会制度を検討する場合に、町村のみを対象とすること、及び人口によって差を設けることに反対する。」、「議会制度の制度設計において、パッケージで類型化した制度を考えることに反対する。」、「議会の権限を低下させる制度改正（議決事件の限定など）に反対する。」といった意見を出している。[25]最後のものは、二元代表制度における首長と議会の力関係のバランスが失し、二元代表制が形骸化することを懸念したものである。また、全国市議会議長会会長コメントは、小規模市町村における議会のあり方を大きく変容させる抜本的な改革を求めるものであるにもかかわらず、「事前に関係市町村議会など地方自治体の現場の意見聴取がなされていない」ことや、「集中専門型議会」について、「二元代表制としての議会と首長の望ましい緊張関係の維持に障害とならないか、議会参画員との距離が狭まり過ぎ、却って多様な民意の集約に向けた議会内の合意形成を難しくしないか」などに懸念を出し、他方、「多数参画型議会」については、「議員としての自覚の希薄化とあ

24　大田直史「地方議会・議員のあり方改革の方向性」季刊自治と分権73号（2018年）54頁〜64頁も参照。

25　全国町村議会議長会「町村議会のあり方に関する研究会報告書に対する意見」（2018年3月26日）。

いまって、執行部への監視機能をはじめ議会全体の機能低下を招かないか」などの懸念を明らかにしている[26]。

　日弁連も、集中専門型議会では、議会ないし議員に執行機関としての役割を求めているのではないかという疑問があること、多数参画型議会では、首長の行う「契約」の締結及び「財産の取得又は処分」の事件を議決権の範囲から除外することなど、「いずれも議会の審議機能及び監視機能を低下させるものであり、議会を議事機関とし、二元代表制（憲法第93条）とした制度趣旨に反する」ことや、集中専門型議会と多数参画型議会という二つの新しい類型の地方議会について、「議員活動」、「権限」、「議員報酬・定数など」、「兼職禁止・請負禁止」、「議会運営」、「勤労者の参画」、「住民参画」などの要素を不可分のパッケージとして提供すること自体、国による地方公共団体への「義務付け・枠付け」に他ならず、「団体自治（憲法第92条）及び議会自律権の観点から問題である」とする。さらに、報告書作成の手続にかかわって、「一貫して会議を非公開、資料も非公表とし、研究会発足後、全国市議会議長会、全国町村議会議長会を始めとする地方議会からの意見聴取を全く行わずに報告書を取りまとめており、政策形成過程の透明性及び健全性に反する。」と批判的な意見書を公表している[27]。

　これらの批判は、「集中専門型議会」と「多数参画型議会」の提案は、一部議員が執行機関の構成員になり、首長とともに内閣を構成する議会内閣制（議員内閣制）の提案や、議員はボランティアで足り、そのような議員からなるボランティア議会の提案のように[28]、首長優位を強める危険性が高く、憲法の理念や憲法が規定する二元代表制、さらには、二元代表制を前提に、首長と議会、議会の議員間、議員と住民との間

26　『町村議会のあり方に関する研究会』報告書に対する全国市議会議長会会長コメント（2018年3月26日）。

27　日本弁護士連合会「町村議会のあり方に関する研究会報告書に対する意見書」（2018年8月24日）。

28　榊原秀訓「議会改革・議会内閣制・ボランティア議会」同『地方自治の危機と法』（自治体研究社、2016年）35頁～40頁、42頁～48頁参照。

の討議を重視する議会基本条例に基づく地方議会の積極的活動に適合
しないことを問題視したものであり[29]、また、報告書作成に至る手続の
問題点をこぞって指摘するものである。それ以外にも、「政治分野にお
ける男女共同参画の推進に関する法律」にみられるように、女性議員
の増加の必要性への対応も十分とは思われない。

　さらに、2040 構想には、地方自治の保障は登場せず、そこでの地方
議会の位置付けも明確ではない。2040 構想は、二層制の自治体構造を
柔軟化し、「圏域」に焦点を当てるが、「圏域」自体には、地方議会が
存在するようには考えられない。しかし、地方議会は憲法上の存在で
あり、住民自治にとって最重要の組織である。行政サービスが存在さ
えすれば良いわけではないことと同様、地方議会が単に存続すれば良
いわけではなく、他の基本的な価値とも両立した議員のなり手不足の
解消が必要である。

(2)　地制調と地方議会
1)　地方議会モデル提案から議員のなり手不足問題へ

　地制調答申は、「議会は、地域の多様な民意を集約し、団体意思を
決定する機能や政策を形成する機能、執行機関を監視する機能を担っ
ており、民主主義・地方自治に欠かすことのできない住民を代表する
合議制の機関として、独任制の長にはない存在意義がある。」とする。
他方で、厳しい批判を受けた議会のあり方提案の二つの地方議会モデ
ルや議会権限の縮小といった提案をせず、議員のなり手不足に焦点を
当て、それを「住民自治の根幹に関わる深刻な問題」として、定数割
れの常態化などを「我が国の民主主義・地方自治の機能不全をもたら

29　「自治体議会改革フォーラム」の調査によれば 2020 年 7 月 1 日までに 888 自治体が議会基
　本条例を制定している（内訳は、都道府県 32 条例、政令市 16 条例、特別区 3 条例、市 509 条
　例、町村 328 条例）。自治体の約半数（49.7％）において条例が制定されており、特に市では 66
　％ に及んでいる。議会基本条例を推進したグループによる総括的な書物として、廣瀬克哉編著
　『自治体議会改革の固有性と普遍性』（法政大学出版局、2018 年）参照。

す」ものとしてとらえるなど、地方議会を扱うことから当然とは言え、答申の他の箇所とは異なり、「地方自治」や「住民自治」に言及している。ただし、二元代表制や議会基本条例への直接的な言及はない。[30]

　そして、議員のなり手不足への「当面の対応」として、①議員の法的位置付け、②議員報酬のあり方、③請負禁止の緩和、④立候補環境の整備について説明がなされるが、多くは「検討する必要がある」というまとめとなっている。もっとも、答申は、「今後の検討の方向性」において、「議会運営や住民参加の取組等におけるデジタル化への対応」や「団体規模に応じた議会のあり方についての新たな選択肢の提示」等も含めて引き続き検討すべきとしており、この選択肢の提示は、議会のあり方提案を思い浮かばせるものとなっており、今後を注視していく必要がある。

　なり手不足については、総務省の研究会報告書である「地方議会・議員のあり方に関する研究会報告書」が地制調答申後の 2020 年 9 月に公表され、「議員のなり手不足の要因と対応の方向性」として、「議会の権能の強化等」、「立候補環境」、「時間的な要因」、「経済的な要因」、「身分に関する規定」などを検討しているが、「必ずしも一定の結論や方向性を出すことにこだわらず、各構成員から述べられた様々な意見を幅広く紹介する」にとどまっている。また、「今後の検討の方向性」として、地制調答申と同様に、「団体規模に応じた議会のあり方についての新たな選択肢の提示等も含めて検討することが考えられる」とされていることから、報告書案を議論した第 8 回研究会においては、議会のあり方提案における二つのモデルを念頭にしたものか、今後の検討を一定方向に誘導するような書き方は控えるべきといった意見が出されていた。座長が「今後も幅広い視点から検討していただきたいという趣旨であり、特定の選択肢を念頭においたものではないと理解し

30　議会基本条例を推進してきた論者によるなり手不足に対する提案として、江藤俊昭『議員のなり手不足問題の深刻化を乗り越えて』（公人の友社、2019 年）。

ている」と答えて終わっているものの、総務省の意図が座長の説明と
同じとまでは言えず、やはり依然として警戒が必要である。[31]

2）　自治体間連携と地方議会

　地方議会の最後に、地制調答申における「地域の未来予測」や自治
体間連携にかかわる考えに触れておく。まず、「地域の未来予測」に関
しては、「住民ニーズや地域課題が多様化・複雑化する一方、経営資源
が制約される中にあって、広い見地から個々の住民の利害や立場の違
いを包摂する地域社会のあり方を議論する議会の役割がより重要にな
る。各議会においては、『地域の未来予測』を十分活用するなど、地
域における変化・課題を見通しながら、目指す未来像について住民の
共通理解を醸成することが求められる。」ことを述べている。問題は、
「地域の未来予測」が必要であるとして、政策誘導的な根拠に乏しい予
測になっていないかなど、地方議会が適切な予測となっているのか検
討することである。

　また、自治体間連携にかかわって、「経済的・社会的つながりが深い
地方公共団体の議会間においても連携を進め、交流を通じて相互に理
解を深め、広域的な視点で課題認識を共有することが重要である。」と
している。さらに、「広域連携の取組については、住民の多様な意見を
反映する関係市町村の議会が計画段階から積極的に参画することが重
要」とし、「例えば、委員会において、総合的な計画や個別の重点政
策・課題を審査、調査等の対象とし、規約や連携協約の締結等の審議
にも反映させていく取組、関係市町村に共通する政策や課題について、
議員の間で定期的に協議する取組等を通じて、議会が積極的に役割を
果たすことが必要である。」としている。

　これに対して、幸田は、地制調の専門小委員会においては、全国町

31　江藤は、「『集中専門型』と『多数参画型』といったパッケージが前提とする選択制の検討
　　が再浮上する可能性」に言及する。江藤俊昭「議会改革の到達点から第32次地制調答申を読
　　む」自治総研503号（2020年）32頁～33頁。

村議長会会長や全国市議会議長会会長から、圏域行政の法制化に対する反対が示されるとともに、「定住自立圏の協定、連携中枢都市圏の連携協約に加え、圏域の具体的な施策を記載したビジョンについても、要綱を改正し地方自治法第96条第2項を活用して議決事項に加えることを進めて欲しい」とか、「ビジョン策定、進捗プロセスで、議会の議決事項の追加条項（第96条2項）を活用」すべきであり、要綱改正による議会の関与拡大の明記の要望があったことに照らすと、答申は、先の要望の「レベルには全く至っていないばかりか、ことさら矮小化して捉えたと言われても反論できないだろう」とし、「議会の関与をできるだけ少なくしたいと考えている節も垣間見える」と批判的に指摘している[32]。確かに、自治体間連携を所与の前提とし、自治体がその推進のための道具となるのではなく、政策的妥当性をチェックすることが必要であり、答申がこのような意味での議会の積極関与に消極的であっても、地方自治法96条2項に基づく議会の議決は、各自治体が条例に基づき議決の追加を行うものであることから、各自治体の議会が対応すべきことが期待される。さらには、個々の自治体ではなく、関係市町村議会全体での議論といったことも重要である[33]。

　新型コロナウィルス感染症対策との関係で、自治体において前面に出た首長と比較して、地方議会の顔が見えないとされ、議会が地域や住民の実態を調査し、首長等に地域の実態に応じた措置を求めるべきとの見解も出されており[34]、議会の積極的な活動が期待されるところとなっている。国の政治行政を統制する国会の役割と同じように、自治

32　幸田雅治「広域連携における議会の役割」自治日報 2020年7月24・31日合併号（2020年）3面。

33　江藤・前掲注（31）46頁参照。

34　新藤宗幸「顔の見えない議会から脱皮を」自治日報 2020年7月24・31日合併号（2020年）1面。特別定額給付金にかかわる専決処分の許容等につき、地方議会人 2020年10月号「特集 新型コロナウイルスと地方議会」も参照。他方、議会が数度にわたる緊急提言や、九つの提言と四つの調査事項を提言した例もある。新川達郎・江藤俊昭『非常事態・緊急事態と議会・議員』（公人の友社、2020年）23頁注（1）、江藤俊昭「危機状況で明確になった議会の課題」住民と自治 691号（2020年）8頁。

体の政治行政を統制する地方議会の役割は重要であり、その対象は新
型コロナウィルス感染症対策に限ったことではなく、自治体間連携に
おいても同様である。

おわりに

　自治・自律や独立性を考えると、問題となっているのは、「地方自
治」だけではなく、他の組織や制度も類似の問題を孕んでいることが
わかる。政府は、金を出すから口も出すという姿勢が明確で、本来自
治体に委ねられるべき政策にも口を出すことを続けているように思わ
れる。憲法の条文に言及するのであれば、日本学術会議会員任命拒否
の正当化のためではなく、独立性や地方自治の保障のために言及しな
ければ、憲法的価値をひどく傷つけるものとなる。また、地制調答申
の政策内容は、「デジタル化」を梃子にして、行政の民間化を推し進め
るものとなっている。経済界の利益を優先して、「公的サービスの産業
化」に地方自治が従属し、地方自治だけではなく、住民の権利利益の
保障をないがしろにし、単に住民を消費者・利用者の地位にとどめる
ものとなっている。さらに、政策形成過程において官邸主導や科学的
根拠＝エビデンスに基づいていないという問題点を明らかにしてきた
が、国の自治体戦略も、自治体の声の反映をできるだけ無視あるいは
軽視し、過去の政策の検証に基づかず、自ら煽った将来の危機に依拠
するにとどまるという同様の問題を有している。

　自治体間連携で一番の焦点であった「圏域」行政の法制度はさしあ
たり見送られているとしても、実際には、「地域の未来予測」等を梃子
にして、それを促進し、事実上強制し、法制度化へとつなげようとす
る意図もみてとることができる。もともと地方分権改革は、議会の活
性化を含む住民自治には関心が薄く、団体自治に関する政策であった
が、この間の提案においては、総じて、団体「自治」ではなく、団体
「行政」へと関心が移っている。しかし、行政サービス提供主体を問わ

ず、二元代表制もなく、議会の民主的コントロールも機能しない「圏
域」行政が実現すれば、明文改憲を経ずに、団体自治を否定する改憲
実態が生まれることになる。辺野古新基地建設における沖縄県の団体
自治の無視ということで団体自治の否定という実態が生じてきている
が、より一般化するもののようにもみえ、憲法的価値からは到底認め
られない。また、団体自治と結びついた基礎的自治体である市町村を
優先するはずの補完性原理は存在するはずであり、市町村は特定の事
務の効率的な執行ではなく、当該自治体の住民の権利利益の保障のた
めに自らの行政を展開できなければならない。

　地方自治の分野においても、他の分野と同様、立憲主義・法治主義
の徹底とともに、民主主義の制度強化や運用改善が必要である。国政
に関して、国会と市民運動の結びつきが重要であるように、自治体の
政治行政においては、地方議会と住民の結びつきが重要である。そし
て、自治体間連携がなされるとしても、特定の自治体の自治・自律を
保障するために、当該自治体へ行政サービスを提供することになる他
の自治体に自らの意見が反映されなければならず、地方議会の役割は
大きなものと考えられる。さらに、自治体間連携が重要であるならば、
地方自治の保障のために、地方議会の連携や、自治体が連携した国政
への意見表明も必要である。

【編著者】

榊原秀訓（さかきばら ひでのり）　南山大学法学部教授　　　　　　　（第Ⅳ部終章）

岡田知弘（おかだ ともひろ）　京都橘大学現代ビジネス学部教授　（第Ⅰ部第1章）

白藤博行（しらふじ ひろゆき）　専修大学法学部教授　　　　　　（第Ⅰ部第2章）

【著　者】

本多滝夫（ほんだ たきお）　龍谷大学法学部教授　　　　　　　　（第Ⅰ部第3章）

浜岡政好（はまおか まさよし）　佛教大学名誉教授　　　　　　　（第Ⅱ部第4章）

関　耕平（せき こうへい）　島根大学法文学部教授　　　　　　　（第Ⅱ部第5章）

門脇美恵（かどわき みえ）　名古屋経済大学法学部教授　　　　　（第Ⅱ部第6章）

山田健吾（やまだ けんご）　広島修道大学法学部教授　　　　　　（第Ⅲ部第7章）

中山　徹（なかやま とおる）　奈良女子大学生活環境学部教授　　（第Ⅲ部第8章）

平岡和久（ひらおか かずひさ）　立命館大学政策科学部教授　　　（第Ⅲ部第9章）

角田英昭（つのだ ひであき）　自治体問題研究所研究員　　　　　（第Ⅲ部第10章）

地域と自治体第39集
「公共私」・「広域」の連携と自治の課題

2021年2月5日　　　初版第1刷発行

編著者　榊原秀訓・岡田知弘・白藤博行

発行者　長平　弘

発行所　㈱自治体研究社
　　　　〒162-8512 東京都新宿区矢来町123　矢来ビル4F
　　　　TEL：03・3235・5941／FAX：03・3235・5933
　　　　http://www.jichiken.jp/
　　　　E-Mail：info@jichiken.jp

ISBN978-4-88037-720-9 C0031

DTP：赤塚　修
デザイン：アルファ・デザイン
印刷・製本：モリモト印刷㈱

自治体研究社 ────────────

デジタル化でどうなる暮らしと地方自治

白藤博行・自治体問題研究所編　定価（本体 1400 円＋税）

デジタル化が声高に叫ばれ、官民で国民・住民の個人情報を利活用しようという政策が進んでいる。基盤づくりとして、戸籍・税務・健康保険などの「標準化・統一化」とクラウド化、そしてマイナンバーカードの取得が推進されている。しかし、個人情報保護など課題も多い。

「自治体戦略 2040 構想」と地方自治

白藤博行・岡田知弘・平岡和久著　定価（本体 1000 円＋税）

「自治体戦略 2040 構想」研究会の報告書を読み解き、基礎自治体の枠組みを壊し、地方自治を骨抜きにするさまざまな問題点を明らかにする。

公共サービスの産業化と地方自治
──「Society 5.0」戦略下の自治体・地域経済

岡田知弘著　定価（本体 1300 円＋税）

公共サービスから住民の個人情報まで、公共領域で市場化が強行されている。変質する自治体政策や地域経済に自治サイドから対抗軸を示す。

人口減少と危機のなかの地方行財政
──自治拡充型福祉国家を求めて

平岡和久著　定価（本体 1700 円＋税）

新型コロナ感染症への対応のなかで公共部門の空洞化が明らかになった。なぜ公共部門は脆弱になったのか、住民生活と地域を維持するために地方行財政はどうあるべきか、地方自治の観点から考える。

働き方改革と自治体職員
──人事評価、ワーク・ライフ・バランス、非正規職員、AI・ロボティクス

黒田兼一・小越洋之助編著　定価（本体 1200 円＋税）

「働き方」、いや、上からの「働かせ方」はどう変わってきたのか。人員は削減されつづけ、地方公務員の矜持と住民と寄り添う姿勢を破壊してきた。公務員と住民との本来あるべき姿を追求する。